クイズでスポーツがうまくなる

知ってる？
フットサル

はじめに

フットサルであそぼう！　初心者《しょしんしゃ》もすぐ慣《な》れる、だれもが主役《しゅやく》のボール競技《きょうぎ》

フットサルは、ボールを足《あし》で扱《あつか》い、ゴールする点《てん》ではサッカーと似《に》ているスポーツです。でも、サッカーに比《くら》べると、ピッチがせまく、シュートを打《う》つチャンス、ゴールを決《き》めるチャンスがより多《おお》くあります。そのためにチャンスとピンチの入《い》れかわりが激《はげ》しく、常《つね》にゲームに夢中《むちゅう》になれるスポーツです。サッカーのネイマール選手《せんしゅ》やロナウジーニョ選手《せんしゅ》も子《こ》どものころからフットサルをやっていたことは、よく知《し》られています。

フットサルは、体格差《たいかくさ》を気《き》にすることなくだれでも活躍《かつやく》できるスポーツなのです。しかもピッチには敵味方《てきみかた》合《あ》わせて10人《にん》しかいません。ピッチにいる全員《ぜんいん》が常《つね》にゲームに参加《さんか》し、ボールに触《ふ》れる回数《かいすう》が増《ふ》えて、ボールに触《ふ》れる楽《たの》しみが気楽《きらく》に味《あじ》わえるのです。このように、フットサルは手軽《てがる》にできることから、今《いま》では子《こ》どもから大人《おとな》まで、だれもがチームを作《つく》って楽《たの》しむことができるスポーツとして関心《かんしん》を集《あつ》めています。

この本《ほん》は、フットサルの基本《きほん》となる攻守《こうしゅ》における技術《ぎじゅつ》、システムと動《うご》きかたをベースに、連携《れんけい》プレーとルールをクイズ形式《けいしき》で身《み》につけられるように作《つく》られています。ざっと目《め》を通《とお》したら、友《とも》だちと気楽《きらく》にプレーを始《はじ》めてみてください。

鈴木隆二《すずきりゅうじ》

この本《ほん》の使《つか》い方《かた》

この本《ほん》では、フットサルをするときに、みなさんが疑問《ぎもん》に思《おも》うことや、体《からだ》の使《つか》い方《かた》がうまくなるためのコツ、練習《れんしゅう》のポイントなどをクイズ形式《けいしき》で紹介《しょうかい》していきます。初級《しょきゅう》から上級《じょうきゅう》まで、問題《もんだい》レベルが一目《ひとめ》でわかるようになっています。ぜひ、上級問題《じょうきゅうもんだい》にも答《こた》えられるように挑戦《ちょうせん》してみてください。

この本《ほん》のキャラクター
フットくん

問題《もんだい》と答《こた》えのマークについて

問題《もんだい》 00 初級 中級 上級

クイズのマークです。初級《しょきゅう》、中級《ちゅうきゅう》、上級《じょうきゅう》に分《わ》かれています

00の答《こた》え

クイズの解答《かいとう》です

そのほかのマークについて

\ヒント/ hint ［ヒント］

問題《もんだい》のヒントです。問題《もんだい》がむずかしいときは見《み》てください

なんで ［なんで?］

正解《せいかい》の理由《りゆう》、疑問《ぎもん》に思《おも》うポイントをくわしく解説《かいせつ》しています

PO!NT ［ポイント］

競技《きょうぎ》に生《い》かせるワンポイントアドバイスです

トライ! ［トライ］

競技《きょうぎ》に生《い》かすために、やってみてほしい練習《れんしゅう》です

［用語説明《ようごせつめい》］

フットサルの専門用語《せんもんようご》などを解説《かいせつ》しています。用語《ようご》は140ページのさくいんでも調《しら》べられます

OK! ［OK］

動作《どうさ》のいい例《れい》です

NG! ［NG］

動作《どうさ》の悪《わる》い例《れい》です

もくじ

問題番号《もんだいばんごう》の上《うえ》にある
マークは、各問題《かくもんだい》の
難易度《なんいど》を示《しめ》しています

初 …初級《しょきゅう》
中 …中級《ちゅうきゅう》
上 …上級《じょうきゅう》

はじめに …… 2

この本《ほん》の使《つか》い方《かた》 …… 3

第《だい》1章《しょう》 フットサルってどんなスポーツ？

初 Q01 フットサルとサッカーの違《ちが》いは？ …… 9

初 Q02 ピッチの大《おお》きさはどのくらい？ …… 13

初 Q03 サッカーのピッチではフットサルの選手《せんしゅ》は何人入《なんにんはい》ることになるでしょう？ …… 15

初 Q04 選手交代《せんしゅこうたい》は何回《なんかい》までできる？ …… 17

初 Q05 選手《せんしゅ》が交代《こうたい》したとき、審判《しんぱん》の笛《ふえ》が鳴《な》りました。さてなぜでしょう？ …… 19

中 Q06 キックインのとき、どこに蹴《け》ろうか迷《まよ》っていたら審判《しんぱん》の笛《ふえ》が鳴《な》りました。さてなぜでしょう？ …… 21

中 Q07 キックインで反則《はんそく》となるのはどれ？ …… 23

第《だい》2章《しょう》 パス&トラップ

初 Q08 足《あし》でボールを扱《あつか》うときの言葉《ことば》の意味《いみ》が正《ただ》しくなるように結《むす》びましょう。 …… 27

初 Q09 一番多《いちばんおお》く使《つか》われている足《あし》の場所《ばしょ》はどこでしょう？ …… 29

初 Q10 パス・シュートでは足《あし》のどこの部分《ぶぶん》を使《つか》う？ …… 29

初 Q11 目的《もくてき》の場所《ばしょ》に正確《せいかく》にパスを出《だ》すための蹴《け》りかたは？ …… 31

初 Q12 よりよいインサイドキックの蹴《け》りかたは？ …… 33

初 Q13 強《つよ》くてスピードのあるシュートやロングパスに適《てき》している蹴《け》りかたは？ …… 35

中 Q14 パスはどうやってトラップするの？ …… 39

初 Q15 足裏《あしうら》トラップするときの床《ゆか》と足《あし》の形《かたち》でよりよいものはどれ？ …… 41

トライ！ トラップ&パスの一連《いちれん》の動《うご》きをマスターしよう …… 44
中 Q16 パスを受《う》けるにはどこに動《うご》けばいい？ …… 45
初 Q17 相手《あいて》が自分《じぶん》の近《ちか》くにしっかりついていて ボールを受《う》けられない。どうしたらいい？ …… 47
初 Q18 相手《あいて》との距離《きょり》が近《ちか》くても 足元《あしもと》でパスを受《う》けるためには？ …… 49

第《だい》3章《しょう》 シュート

中 Q19 ゴール前《まえ》にゴレイロがいるとき、どこをねらう？ …… 55
初 Q20 シュートを打《う》つ際《さい》の心《こころ》の持《も》ちかたは？ …… 57
中 Q21 シュートを打《う》つ際《さい》に見《み》るところは？ …… 57
中 Q22 状況《じょうきょう》に合《あ》ったキックはどれでしょう？ …… 59
初 Q23 ゴレイロにシュートコースを読《よ》まれて防《ふせ》がれてしまいました。どんな練習《れんしゅう》をすればいいでしょうか？ …… 61

第《だい》4章《しょう》 ドリブル

初 Q24 パスを出《だ》せないときはどうする？ …… 65
中 Q25 ボールを奪《うば》いにきた相手《あいて》から ボールを守《まも》る方法《ほうほう》は？ …… 67
中 Q26 ゴールと相手《あいて》を背負《せお》ったときはどうすればいい？ …… 69
トライ！ その場《ば》で「保持《ほじ》するドリブル」の練習《れんしゅう》 …… 70
中 Q27 ゴールに近《ちか》づくためのドリブルは なんというでしょうか？ …… 71
トライ！ 足裏《あしうら》ドリブルを覚《おぼ》えよう！ …… 74
上 Q28 突破《とっぱ》するドリブルはどこで使《つか》う？ …… 75

第《だい》5章《しょう》 ディフェンス

初 Q29 味方《みかた》のシュートをゴレイロに取《と》られてしまった。 どうしますか？ …… 79
初 Q30 フットサルの守備《しゅび》の基本《きほん》は？ …… 81
中 Q31 ボールを持《も》っている相手《あいて》への守備《しゅび》はどうする？ …… 83
中 Q32 相手《あいて》をマークするときの姿勢《しせい》は？ …… 85
中 Q33 相手《あいて》が横《よこ》にドリブルを始《はじ》めたらどうする？ …… 87
中 Q34 マークしている相手《あいて》にドリブルで抜《ぬ》かれたら？ …… 89
上 Q35 味方《みかた》が抜《ぬ》かれたときのカバーリングはどう動《うご》く？ …… 91

中 Q36 1対《たい》2になったときの守《まも》りかたは？ …… 93
中 Q37 ボールを持《も》っていない相手《あいて》をどうマークする？ …… 95
中 Q38 自分《じぶん》たちから主導権《しゅどうけん》を握《にぎ》ることができる守備《しゅび》は？ …… 97
中 Q39 相手《あいて》エースにはどう対応《たいおう》する？ …… 99

第《だい》6章《しょう》 ゴレイロ

初 Q40 ゴレイロの基本姿勢《きほんしせい》でよりよいのは？ …… 103
トライ！ ボールをキャッチ …… 105
中 Q41 ボールがゴールラインを割《わ》ったときの試合再開方法《しあいさいかいほうほう》は？ …… 107
中 Q42 ゴレイロにバックパスをしたら笛《ふえ》が鳴《な》ったのはなぜ？ …… 109
初 Q43 パスコースを探《さが》していたら審判《しんぱん》が笛《ふえ》を吹《ふ》きました。なんの反則《はんそく》を取《と》られたでしょう？ …… 111
中 Q44 ゴレイロのポジショニングはどこがいい？ …… 113
中 Q45 カウンターを受《う》けたときのポジショニングは？ …… 115
中 Q46 ゴレイロは敵陣《てきじん》に入《はい》って攻撃《こうげき》していいの？ …… 117

第《だい》7章《しょう》 ゲームをやってみよう 〈連携《れんけい》プレー〉

初 Q47 プレーエリアの危険度《きけんど》は？ …… 121
初 Q48 味方《みかた》ボールになったときのポジションとしてよりよいのは？ …… 123
中 Q49 一気《いっき》にボールをゴール前《まえ》（敵陣《てきじん》）に運《はこ》び、シュートを打《う》つためにはどうすればいいでしょう？ …… 127
中 Q50 オフサイドがないからできることは？ …… 129
上 Q51 アラのポジションでよりよいのは？ …… 131
上 Q52 フィクソがねらう連携《れんけい》プレーは？ …… 133
上 Q53 ピヴォにパスを入《い》れたあとの味方《みかた》の動《うご》きとしてよりよいのは？ …… 137
トライ！ コーナーキック／キックイン …… 139
用語集《ようごしゅう》（さくいん） …… 140
おわりに …… 142

第《だい》1章《しょう》

フットサルって どんなスポーツ？

鈴《すず》木《き》隆二《りゅうじ》のステップアップアドバイス

フットサルは自分《じぶん》を育《そだ》ててくれた宇宙《うちゅう》

フットサルを通《つう》じて さまざまなことを学《まな》ぶ

フットサルは僕《ぼく》にとって、自分《じぶん》を育《そだ》ててくれた宇宙《うちゅう》のようなものです。負《ま》けても挑戦《ちょうせん》し、また負《ま》けてもまた挑戦《ちょうせん》し、いつもその繰《く》り返《かえ》しでした。そうしたなかで、僕《ぼく》はあきらめないことの大切《たいせつ》さを学《まな》び、同時《どうじ》に人《ひと》に感《かん》謝《しゃ》する気持《きも》ちを学《まな》びました。

また、人《ひと》と組《く》むということの大切《たいせつ》さを学《まな》びました。常《つね》に学《まな》ばなければならないということも学《まな》びました。そして競技《きょうぎ》を通《つう》じて、ポルトガル語《ご》とスペイン語《ご》を話《はな》せるようにもなりました。

いろいろなことを教《おし》えてくれて、自分《じぶん》の可能性《かのうせい》を広《ひろ》げてくれたフットサルは、僕《ぼく》にとって宇宙《うちゅう》のようなものです。

問題《もんだい》

初級《しょきゅう》

01

フットサルとサッカーの違《ちが》いは？

次《つぎ》のなかからフットサルとサッカーで異《こと》なるものをすべて選《えら》びましょう。

1. プレーヤーの人数《にんずう》
2. 得点《とくてん》の数《かぞ》えかた
3. ボールの大《おお》きさ

答《こた》えがわかったらページをめくってね

01の答《こた》え ▶ 1 プレーヤーの人数《にんずう》

3 ボールの大《おお》きさ

なんで

フットサルは５人《にん》、サッカーは11人《にん》

フットサルは５人《にん》で行《おこな》う競技《きょうぎ》です。サッカーのゴールキーパーと同《おな》じ役割《やくわり》を担《にな》うゴレイロが1人《ひとり》で、フィールドプレーヤーは４人《にん》です。ＦＷ的役割《てきやくわり》のピヴォ、ＭＦ的役割《てきやくわり》のアラ、ＤＦ的役割《てきやくわり》のフィクソというポジションがあります。また、サッカーボールは小学生《しょうがくせい》が4号球《ごうきゅう》（外周《がいしゅう》63.5～66センチ)、中学生《ちゅうがくせい》以上《いじょう》が5号球《ごうきゅう》（外周《がいしゅう》68～70センチ）ですが、フットサルのボールの大《おお》きさは大人《おとな》も小学生《しょうがくせい》も同《おな》じ。外周《がいしゅう》が62～64センチの4号球《ごうきゅう》で、サッカーで小《しょう》学生《がくせい》が使《つか》うボールとほぼいっしょです。なお、フットサルの試合時間《しあいじかん》は前半《ぜんはん》20分《ぷん》、後半《こうはん》20分《ぷん》の計《けい》40分《ぷん》です。

これ知《し》ってる?

各《かく》ポジションの役割《やくわり》

■ピヴォ

ゴール前《まえ》のスペシャリスト。自《みずか》らシュートを打《う》つことを常《つね》に意識《いしき》する。ゴールに背《せ》を向《む》けながら味方《みかた》のパスを受《う》けたときも、相手《あいて》ＤＦからボールを守《まも》りながら、自《みずか》らシュートを打《う》つことをねらう。また、ボールをキープしながら味方《みかた》が攻め上《あ》がる時間《じかん》を作《つく》り、パスを出《だ》す役割《やくわり》も担《にな》う。

■アラ

攻守《こうしゅ》に貢献《こうけん》するがんばり屋《や》さん。ドリブル、シュート、パスと多《おお》くの仕事《しごと》をこなす運《うん》動量《どうりょう》が多《おお》いポジション。プレーの選択肢《せんたくし》が広《ひろ》く、場面《ばめん》に応《おう》じて、素早《すばや》く役割《やくわり》を切《き》りかえる。自軍《じじん》ボールになったらだれよりも早《はや》くカウンターに飛《と》び出《だ》し、相手《あいて》ボールになったらだれよりも早《はや》く戻《もど》る。

■フィクソ

攻守《こうしゅ》においてピッチ内《ない》の監督《かんとく》。いつも全《ぜん》体《たい》を見渡《みわた》し状況《じょうきょう》を判断《はんだん》して味方《みかた》に指示《しじ》を出《だ》す。どんな状況《じょうきょう》でもリーダーシップを発揮《はっき》してチームをまとめる。パスとミドルシュートを得意《とくい》とする。守備《しゅび》のときは常《つね》にカバーリングを意識《いしき》したポジショニングを取《と》り、いつでも味方《みかた》のカバーに行《い》く。味方《みかた》がボールを奪《うば》われたときは相手《あいて》の攻撃《こうげき》を遅《おく》らせて味方《みかた》が戻《もど》る時間《じかん》を作《つく》る。

■ゴレイロ

ポルトガル語《ご》でゴールキーパーの意味《いみ》。サッカーと同《おな》じく唯一手《ゆいいつて》を使《つか》うことができるポジションで、自軍《じじん》のゴールを守《まも》る。得《とく》点《てん》を奪《うば》いたいときにはフィールドプレーヤーとともに攻撃《こうげき》に参加《さんか》することもある。

これ知《し》ってる?

フットサルの由来《ゆらい》

フットサルという名前《なまえ》はスペイン語《ご》のフットボール・デ・サロン（室内《しつない》で行《おこな》うサッカー）が短《みじか》く略《りゃく》され、フットサルとなったものです。南米《なんべい》やヨーロッパ、アメリカなど、さまざまな国《くに》で広《ひろ》く盛《さか》んに行《おこな》われていました。そこで1994年《ねん》に、各国《かっこく》で決《き》められていたルールを、国際《こくさい》サッカー連盟《れんめい》（ＦＩＦＡ）が世界共通《せかいきょうつう》のルールに統一《とういつ》しました。

これ知《し》ってる？ 大人《おとな》も小学生《しょうがくせい》もピッチの大《おお》きさ、ゴールの大《おお》きさは同《おな》じ

ピッチはタッチラインが38～42メートル、ゴールラインが18～22メートルで大人《おとな》も小学生《しょうがくせい》も同《おな》じ大《おお》きさです。また、ゴールは高《たか》さが2メートル、幅《はば》が3メートルでこれも大人《おとな》も小学生《しょうがくせい》も同《おな》じ。ちなみにハンドボールのゴールと同《おな》じ大《おお》きさです。

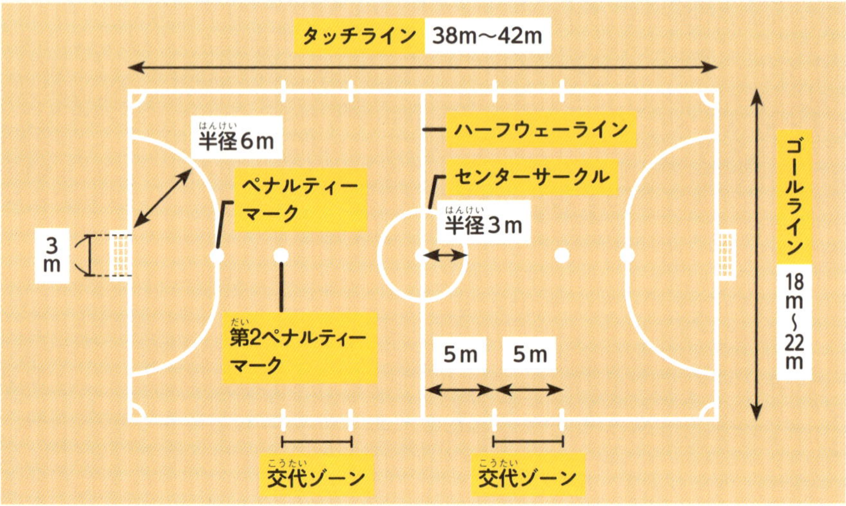

これ知《し》ってる？ サッカーボールより弾《はず》まない

フットサルボールはサッカーの4号球《ごうきゅう》とほぼ同《おな》じ大《おお》きさで、弾《はず》みにくいローバウンドボールが使用《しよう》されています。全日本少《ぜんにほんしょう》年《ねん》フットサル大会《たいかい》などではサッカーの3号球《ごうきゅう》（外周《がいしゅう》58～60センチ）を使《つか》っています。

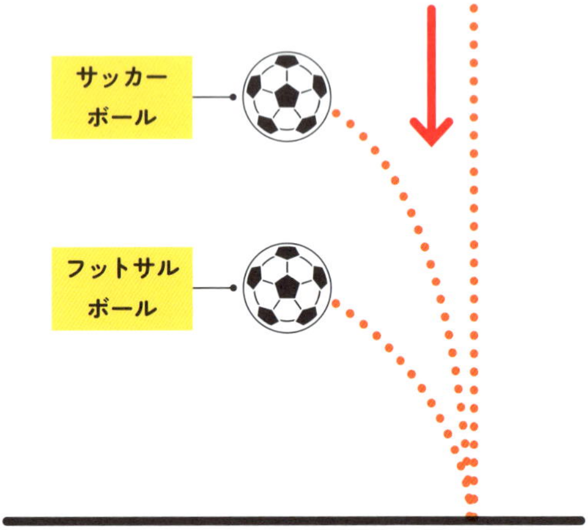

問題《もんだい》 02

初級《しょきゅう》

ピッチの大《おお》きさはどのくらい？

サッカーのピッチのなかにフットサルのピッチは何個《なんこ》ぐらい入《はい》るでしょう？次《つぎ》のなかから選《えら》びましょう。

1 約《やく》2個《こ》

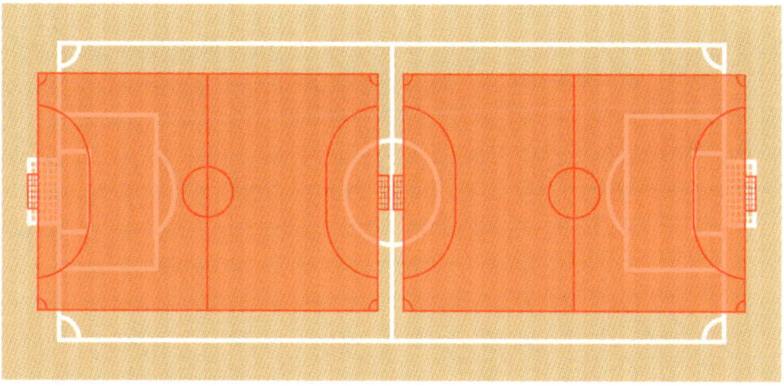

2 約《やく》4個《こ》

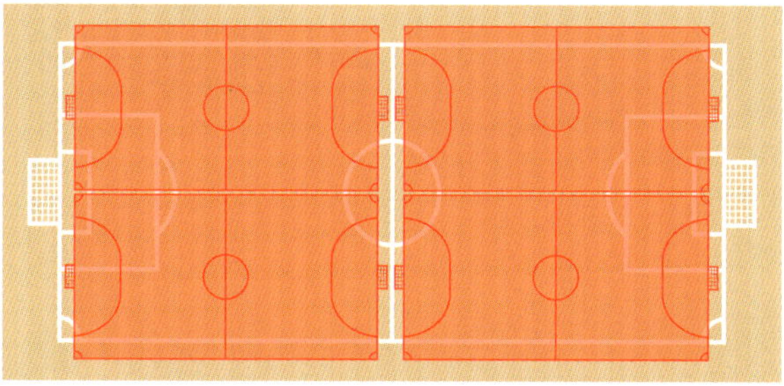

3 約《やく》7個《こ》

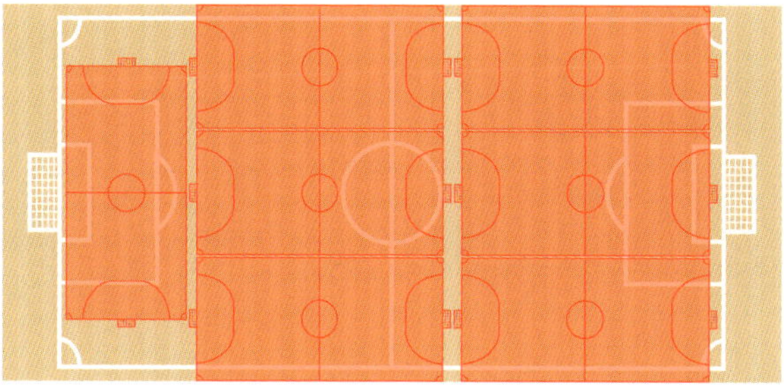

答《こた》えがわかったらページをめくってね

02の答《こた》え ▶ 3 約《やく》7個《こ》

なんで

サッカーのピッチの約《やく》7分《ぶん》の1だから

フットサルのピッチの大《おお》きさはサッカーのピッチの7分《ぶん》の1ということはサッカーのピッチに約《やく》7個《こ》入《はい》ることになります。ピッチの大《おお》きさが違《ちが》うようにゴールの大《おお》きさも違《ちが》います。

▼サッカーの国際大会《こくさいたいかい》のピッチサイズは105メートル×68メートルで面積《めんせき》は7140平方《へいほう》メートル。フットサルのピッチは42メートル×22メートルで面積《めんせき》は924平方《へいほう》メートルだから、サッカーのピッチに7つ分入《ぶんはい》ります

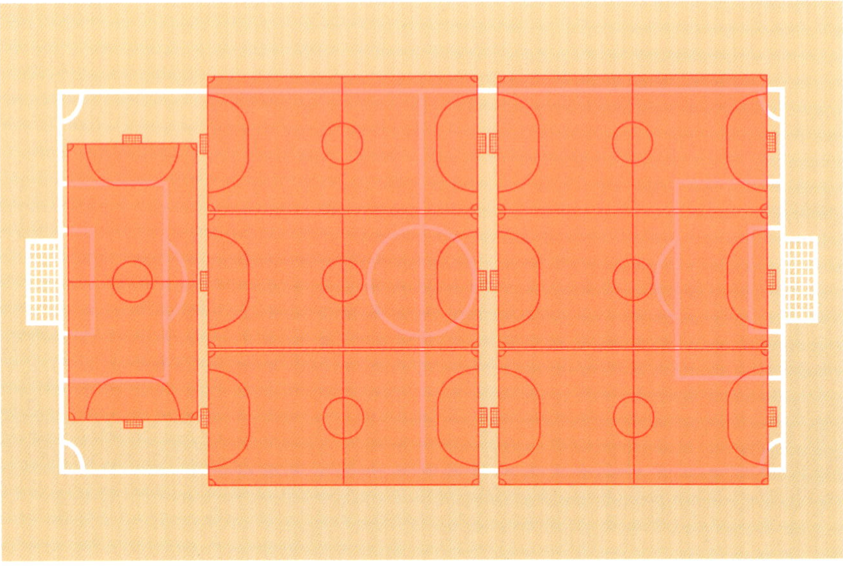

問題《もんだい》
初級《しょきゅう》
03

サッカーのピッチではフットサルの選手《せんしゅ》は何人《なんにん》入《はい》ることになるでしょう?

問題《もんだい》02を受《う》けて考《かんが》えてみましょう。
サッカーのピッチにフットサルの
ピッチを可能《かのう》な限《かぎ》り入《い》れて、
試合《しあい》をするとしたら全部《ぜんぶ》で
何人《なんにん》がプレーすることになるでしょうか?

1 22人《にん》

2 44人《にん》

3 70人《にん》

ヒント
hint

フットサルは10人《にん》(味方《みかた》5人《にん》、相手《あいて》5人《にん》)でプレーします。サッカーのピッチはフットサルのピッチの7倍《ばい》あります。このふたつを考《かんが》えると答《こた》えがわかります。

これ知《し》ってる？ 状況判断《じょうきょうはんだん》が大事《だいじ》

フットサルのピッチはサッカーのピッチに約《やく》7個《こ》入《はい》ります。各《かく》ピッチにプレーヤーは敵《てき》味方《みかた》合《あ》わせて10人《にん》。それが7つあるとすると、サッカーのピッチに置《お》き換《か》えると70人《にん》の選手《せんしゅ》が戦《たた》っていることになります。つまりいつでもすぐ近《ちか》くに相手《あいて》がいるということ。同時《どうじ》に味方《みかた》もすぐ近《ちか》くにいます。味方《みかた》ボールになったり、相手《あいて》ボールになったりする回数《かいすう》が多《おお》くなります。むずかしい言葉《ことば》でいうと、「攻守《こうしゅ》の切《き》りかえが早《はや》い」ということです。味方《みかた》ボールになったらどうするか、相手《あいて》ボールになったときにはどうするかを（選手同士《せんしゅどうし》のポジションなどを）、グループのみんなで決《き》めておくことが大事《だいじ》です。

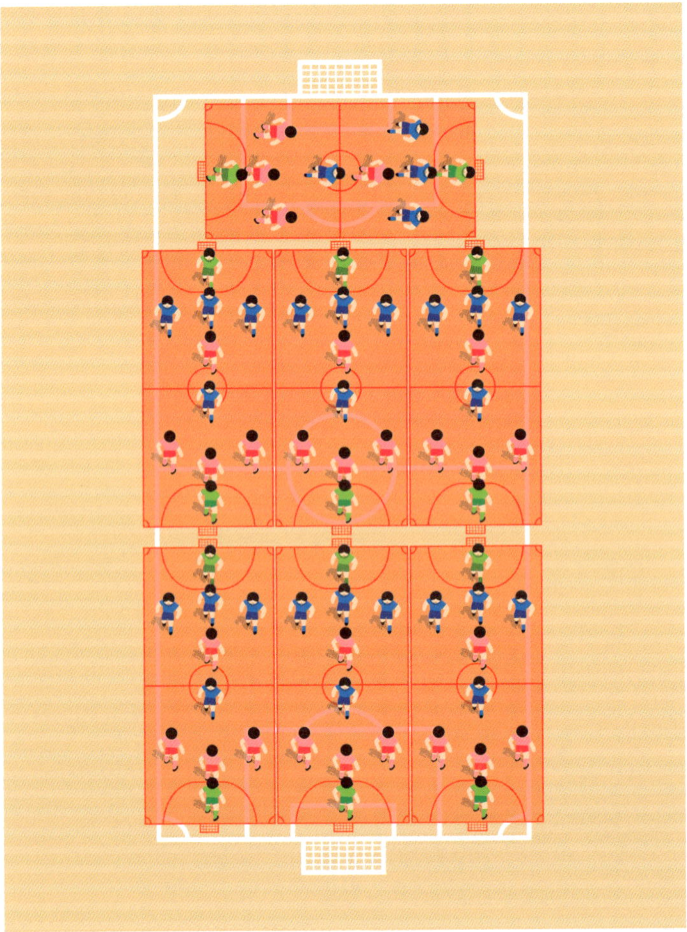

オフェンス　ディフェンス　ゴレイロ

03の答《こた》え

▼

3

70人《にん》

問題《もんだい》
初級《しょきゅう》
04

選手交代《せんしゅこうたい》は何回《なんかい》までできる?

1 何回《なんかい》でも

2 3回《かい》

3 5回《かい》

\ヒント/
hint

サッカーの選手交代《せんしゅこうたい》とはルールが違《ちが》います。

答《こた》えがわかったらページをめくってね

04の答《こた》え ▶ 1 何回《なんかい》でも

なんで

自由《じゆう》に選手交代《せんしゅこうたい》できる

　フットサルのプレーヤーはインプレー中《ちゅう》、アウト・オブ・プレー中《ちゅう》にかかわらず、自由《じゆう》に選手交代《せんしゅこうたい》が何回《なんかい》でもできます。フットサルのプレーは動《うご》きが激《はげ》しいので2～5分《ふん》くらいでどんどん交代《こうたい》することが普通《ふつう》です。選手《せんしゅ》は2～5分《ふん》くらいで次々《つぎつぎ》と入《い》れかわるため、全員《ぜんいん》が出場《しゅつじょう》することができます。なお、一度退《いちどしりぞ》いたあと、また、試合《しあい》に出場《しゅつじょう》することができます。フィールドプレーヤーとゴレイロの選手《せんしゅ》交代《こうたい》も何回《なんかい》もできます。同時《どうじ》に複数人《ふくすうにん》の交代《こうたい》もできます。

POINT

選手《せんしゅ》の心得《こころえ》！

　途中出場《とちゅうしゅつじょう》で入《はい》った選手《せんしゅ》はすぐに100パーセントのパワーで自分《じぶん》の力《ちから》を全開《ぜんかい》にしましょう。フットサルは動《うご》きが激《はげ》しく、2～5分《ふん》で交代《こうたい》となるので試合《しあい》に入《はい》った直後《ちょくご》から全力《ぜんりょく》でプレーすることが大事《だいじ》です。消極的《しょうきょくてき》なプレーをしているとすぐに交代《こうたい》になってしまいます。

▶インプレー

試合時間内《しあいじかんない》で、ピッチ上《じょう》でボールがプレーされている状態《じょうたい》のこと

▶アウト・オブ・プレー

地上《ちじょう》、空間《くうかん》を問《と》わず、ボールがゴールラインまたはタッチラインを完全《かんぜん》に越《こ》えたとき

鈴木隆二《すずきりゅうじ》のワンポイントアドバイス！

　私《わたし》が監督《かんとく》をやっていたスペインの小学生《しょうがくせい》チームでは1回《かい》のゲームについて、一番短《いちばんみじか》い選手《せんしゅ》の出場時間《しゅつじょうじかん》が一番長《いちばんなが》く出場《しゅつじょう》した選手《せんしゅ》の出場時間《しゅつじょうじかん》の半分以下《はんぶんいか》にならないというルールを作《つく》ってやっていました。選手全員《せんしゅぜんいん》にプレー時間《じかん》を与《あた》えることがねらいです。

問題《もんだい》
初級《しょきゅう》
05

選手《せんしゅ》が交代《こうたい》したとき、審判《しんぱん》の笛《ふえ》が鳴《な》りました。さてなぜでしょう？

1. ボールがプレーされている状態《じょうたい》だから
2. 2人《ふたり》の選手《せんしゅ》がピッチ内《ない》に同時《どうじ》に入《はい》っているから
3. 黄色《きいろ》の何《なに》かを手《て》に持《も》っているから

答《こた》えがわかったらページをめくってね

05の答《こた》え ▶ 2

2人の選手《せんしゅ》がピッチ内《ない》に同時《どうじ》に入《はい》っているから

なんで？

交代《こうたい》は選手《せんしゅ》がラインを出《で》てから

入《はい》る選手《せんしゅ》と交代《こうたい》する選手《せんしゅ》が2人《ふたり》ともピッチにいる状態《じょうたい》はNGです。交代選手《こうたいせんしゅ》がラインを出《で》てから入《はい》りましょう。選手《せんしゅ》交代《こうたい》は必《かなら》ず交代《こうたい》ゾーンで行《おこな》います。インプレー中《ちゅう》でもアウト・オブ・プレー中《ちゅう》でも選手交代《せんしゅこうたい》は自由《じゆう》なので、1は問題《もんだい》ありません。また、ベンチにいる選手《せんしゅ》はプレー中《ちゅう》の選手《せんしゅ》と区別《くべつ》するためビブスを着用《ちゃくよう》しています。交代《こうたい》するときにそのビブスを交代《こうたい》する味方選手《みかたせんしゅ》に渡《わた》します。3の選手《せんしゅ》が持《も》っている黄色《きいろ》のものはビブスなのでOKです。

これ知《し》ってる？ 交代要員《こうたいよういん》の人数《にんずう》

交代要員《こうたいよういん》は最大《さいだい》9人《にん》、各国代表《かっこくだいひょう》の国際親善試合《こくさいしんぜんじあい》は最大《さいだい》10人《にん》。非公式試合《ひこうしきじあい》やU-15及《およ》び女子《じょし》は関係《かんけい》チームの合意《ごうい》があれば9人《にん》より多《おお》くすることができます。

POINT

相手《あいて》ボールのときは交代《こうたい》しない

相手《あいて》チームがボールを持《も》っているときに選手交代《せんしゅこうたい》をするとピンチになるのでやらないほうがよい！　選手交代《せんしゅこうたい》の基本《きほん》は、アウト・オブ・プレーで自分《じぶん》たちのボールのとき(キックインやコーナーキック、フリーキック、ゴールキーパースロー)にしましょう。

▶交代《こうたい》ゾーン

両《りょう》ベンチ前《まえ》に設《もう》けられている幅《はば》5メートルのゾーン。この交代《こうたい》ゾーンの中《なか》でピッチ内《ない》の選手《せんしゅ》とピッチ外《がい》の選手《せんしゅ》が入《い》れかわる

問題《もんだい》 06

中級《ちゅうきゅう》

キックインのとき、どこに蹴《け》ろうか迷《まよ》っていたら審判《しんぱん》の笛《ふえ》が鳴《な》りました。さてなぜでしょう？

キックイン

サッカーのスローインにあたる、ボールがタッチラインを出《で》たときの試合再開方法《しあいさいかいほうほう》。ボールを足《あし》で蹴《け》って入《い》れる

答《こた》えがわかったらページをめくってね

06の答え《こた》 ▶ 4秒以内《びょういない》に再開《さいかい》しなかったから

なんで

キックインは4秒以内《ぎょういない》に行《おこな》う

キックインを行《おこな》う準備《じゅんび》ができてから4秒以内《びょういない》に蹴《け》らないと、4秒《びょう》ルールによる反則《はんそく》となり、相手《あいて》ボールの間接《かんせつ》フリーキックとなります。4秒《びょう》ルールはコーナーキックなど、セットプレーでも採用《さいよう》されます。準備《じゅんび》ができたら素早《すばや》く蹴《け》るようにしましょう。

▲審判《しんぱん》は指《ゆび》を立《た》ててカウントしている

▶間接《かんせつ》フリーキック

相手《あいて》ゴールに入《はい》る前《まえ》にほかの選手《せんしゅ》がボールに触《ふ》れた場合《ばあい》に限《かぎ》り得点《とくてん》になるフリーキック

これ知《し》ってる？ すね当《あ》てをつける

公式戦《こうしきせん》ではすね当《あ》てを必《かなら》ずつけなければいけません。試合《しあい》のときにすね当《あ》てを忘《わす》れると出《で》られなくなってしまうので気《き》をつけましょう。

問題《もんだい》

07

中級《ちゅうきゅう》

キックインで反則《はんそく》となるのはどれ？

1 ボールがラインにかかっている

2 ボールがピッチ内《ない》にある

3 軸足《じくあし》がラインを踏《ふ》んでいる

4 軸足《じくあし》がピッチ内《ない》にある

答《こた》えがわかったらページをめくってね

07の答《こた》え ▼

2 ボールがピッチ内《ない》にある

4 軸足《じくあし》がピッチ内《ない》にある

なんで？

ラインにかかるのはOK

キックインはボールを静止《せいし》させてから蹴《け》ります。このとき、軸足《じくあし》、ボールともにラインを越《こ》えてはいけません。ラインを踏《ふ》むのはOKです。なお、キックインの直接《ちょくせつ》ゴールは認《みと》められないので、味方《みかた》にパスを出《だ》すようにしましょう。

これ知《し》ってる？ 5メートル以上《いじょう》はなれる

キックインから再開《さいかい》するとき、相手《あいて》チームの選手《せんしゅ》は5メートル以上《いじょう》はなれなければいけません。

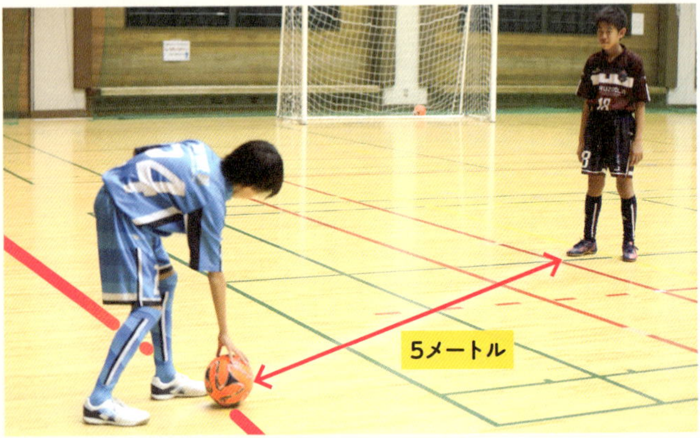

第《だい》2章《しょう》

パス＆トラップ

鈴《すず》木《き》隆二《りゅうじ》のステップアップアドバイス
ボールと友《とも》だちになろう！

トラップ&パスは集団《しゅうだん》スポーツの基本《きほん》

集団《しゅうだん》ボール競技《きょうぎ》（サッカー、フットサル、ハンドボール、バスケット、ラグビーなど）において、パスをつなぐことは、選手同士《せんしゅどうし》お互《たが》いがつながっているということを意味《いみ》します。

つまりパスは選手同士《せんしゅどうし》の命綱《いのちづな》です。綱《つな》が切《き》れたら連携《れんけい》プレーも切《き》れてしまいます。だからトラップ&パスはフットサルの基本中《きほんちゅう》の基本《きほん》。ここではトラップ&パスの一連《いちれん》の動《うご》きを必《かなら》ずマスターしましょう。

①自分《じぶん》のところにきたボールを体《からだ》のすぐそばに止《と》めるトラップ（ワンタッチ）
②次《つぎ》のプレーがしやすい場所《ばしょ》にボールを動《うご》かす（ツータッチ）
③味方《みかた》にパスまたはシュート（スリータッチ）

問題《もんだい》

初級《しょきゅう》

08

足《あし》でボールを扱《あつか》うときの言葉《ことば》の意味《いみ》が正《ただ》しくなるように結《むす》びましょう。

フットサルはボールを手《て》で扱《あつか》うと
反則《はんそく》になります。
次《つぎ》の1～3は
それぞれフットサルでは
なんと呼《よ》ばれているでしょうか？

1 足《あし》でボールを止《と》めること

2 足《あし》でボールをコントロールしながら運《はこ》ぶこと

3 足《あし》でボールを目的《もくてき》の場所《ばしょ》へ蹴《け》ること

A ドリブル

B パス、シュート

C トラップ

☞ 答《こた》えがわかったらページをめくってね

08の答《こた》え ▶ 1－C 、2－A
3－B

A ドリブル

ボールを足《あし》で蹴《け》りながら前《まえ》に進《すす》む、つまりボールを運《はこ》ぶ行為《こうい》のこと

B パス、シュート

ボールを足《あし》で蹴《け》ってゴールをねらうのがシュート、味《み》方《かた》へ飛《と》ばすのがパス

C トラップ

ボールを足《あし》で受《う》け止《と》めることをトラップという

問題《もんだい》09 初級《しょきゅう》

トラップしたり、ドリブルしたりするときに、一番多《いちばんおお》く使《つか》われている足《あし》の場所《ばしょ》はどこでしょう?

1 足《あし》の甲《こう》

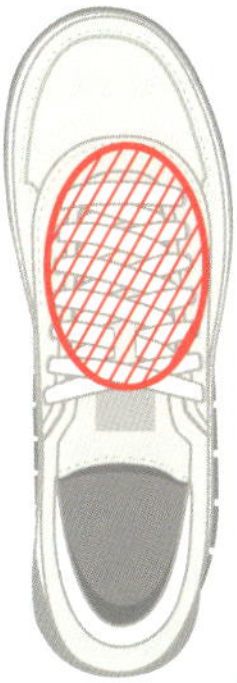

2 足《あし》の裏《うら》

3 つま先《さき》

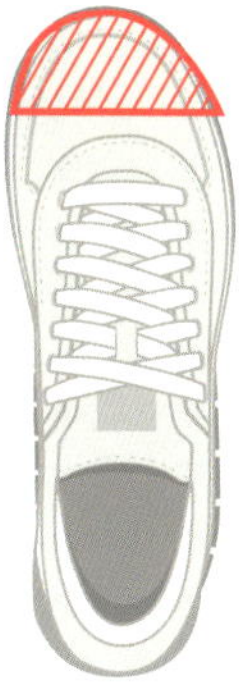

問題《もんだい》10 初級《しょきゅう》

パス・シュートするときは足《あし》のどこの部分《ぶぶん》を使《つか》うでしょう? 次《つぎ》の中《なか》から選《えら》びましょう。答《こた》えは一《ひと》つではありません。

1 つま先《さき》(トー)

3 足《あし》の甲《こう》(インステップ)

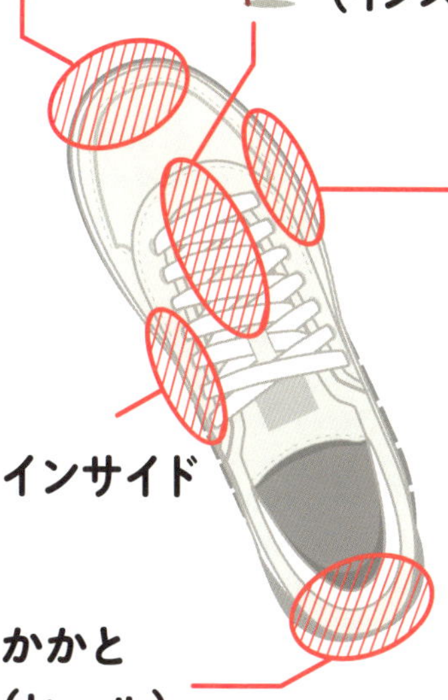

4 アウトサイド

2 インサイド

5 かかと(ヒール)

09の答《こた》え ▶ 2 足《あし》の裏《うら》

なんで

ボールを体《からだ》からはなさないため

フットサルボールは小《ちい》さいので、サッカーボールよりも足裏《あしうら》で扱《あつか》いやすいです。また、足裏《あしうら》でボールを扱《あつか》うと体《からだ》からはなれません。トラップ、ドリブルだけでなく、方向転換《ほうこうてんかん》など、さまざまな場面《ばめん》で足裏《あしうら》の技術《ぎじゅつ》が使《つか》われています。はじめてフットサルボールを使《つか》って練習《れんしゅう》する場合《ばあい》は、まず、足《あし》の裏《うら》でボールを扱《あつか》ってみましょう。

10の答《こた》え ▶ 全部《ぜんぶ》

なんで

目的《もくてき》によって使《つか》う場所《ばしょ》は変《か》わるから

足《あし》のさまざまな部分《ぶぶん》を使《つか》って、ボールを蹴《け》ることができます。それぞれのキックには特徴《とくちょう》があり、目的《もくてき》によって使《つか》い分《わ》けるので、全《ぜん》部《ぶ》が正解《せいかい》となります。

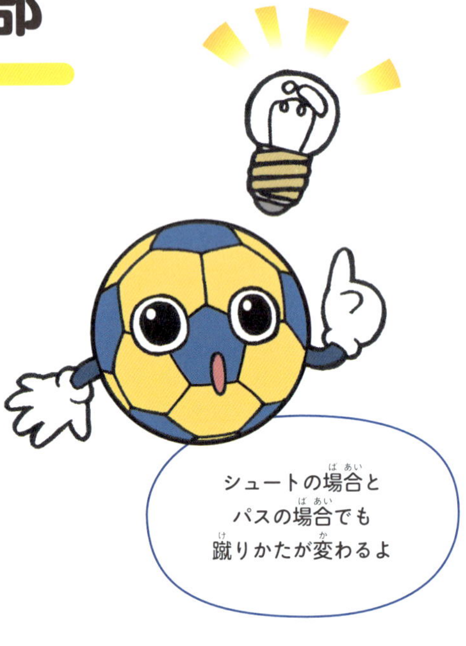

問題《もんだい》

11

初級《しょきゅう》

目的《もくてき》の場所《ばしょ》に正確《せいかく》に パスを出《だ》すための蹴《け》りかたは？

フットサルはピッチが小《ち》さく、
相手選手《あいてせんしゅ》との距離《きょり》が近《ちか》いため、
安定《あんてい》した正確《せいかく》なパスを
出《だ》せるかどうかがとても重要《じゅうよう》になります。
正確《せいかく》なパスを出《だ》すために
多《おお》く使《つか》われるキックはどれでしょう？

1 足《あし》の甲《こう》で蹴《け》る インステップキック

2 足《あし》の内側《うちがわ》で蹴《け》る インサイドキック

3 足《あし》の外側《そとがわ》で蹴《け》る アウトサイドキック

4 つま先《さき》で蹴《け》る トーキック

＼ヒント／
hint

問題《もんだい》10のイラストを見《み》ながら考《かんが》えてみましょう。

11の答《こた》え ▶ 2 インサイドキック

なんで

一番平《いちばんたい》らで面積《めんせき》が広《ひろ》いから

　ボールを打《う》ち返《かえ》すとき、テニスラケットを使《つか》うのと野球《やきゅう》のバットを使《つか》うのでは、どちらがボールをとらえやすいでしょうか。普通《ふつう》の人《ひと》は、より広《ひろ》い面積《めんせき》でボールをとらえられるテニスのラケットのほうが、ボールを当《あ》てやすいでしょう。ボールを蹴《け》るときも、より大《おお》きな面積《めんせき》でボールをとらえたほうが、しっかりと蹴《け》ることができます。人間《にんげん》の足《あし》を見《み》たとき、前《まえ》から見《み》るよりも、横《よこ》から見《み》たときのほうが面積《めんせき》は広《ひろ》くなります。しかし、足《あし》の外側《そとがわ》で蹴《け》ると窮屈《きゅうくつ》な形《かたち》になってしまいます。足《あし》の内側《うちがわ》で蹴《け》るインサイドキックは一番《いちばん》平《たい》らで面積《めんせき》が広《ひろ》いため、正確《せいかく》にボールをとらえたいときは有効《ゆうこう》です。確実《かくじつ》に身《み》につけましょう。

これ知《し》ってる? インサイドキックのメリットとデメリット

メリット

- ボールをねらったところに蹴《け》りやすい
- 広《ひろ》い面《めん》で合《あ》わせるため、動《うご》いているボールも当《あ》てやすい
- ダイレクトパス（シュート）にも適《てき》している

デメリット

- 不自然《ふしぜん》な足《あし》の運《はこ》びのため、あまり強《つよ》いボールが蹴《け》れない
- 動作《どうさ》が大《おお》きくなるため、相手《あいて》にコースを読《よ》まれやすい
- ロングパスにあまり適《てき》していない

問題《もんだい》12
初級《しょきゅう》

よりよいインサイドキックの蹴《け》りかたは？

インサイドキックをするとき、軸足《じくあし》をボールのどの位置《いち》に踏《ふ》みこめばいいでしょう？

1 真横《まよこ》に踏《ふ》みこむ

2 少《すこ》し後《うし》ろに踏《ふ》みこむ

3 少《すこ》し前《まえ》に踏《ふ》みこむ

答《こた》えがわかったらページをめくってね

12の答《こた》え ▶ 1 軸足《じくあし》はボールの真横《まよこ》に踏《ふ》みこむ

POINT

蹴《け》り足《あし》は軸足《じくあし》と90度《ど》に開《ひら》く

ボールを正確《せいかく》にとらえるために軸足《じくあし》をボールの真横《まよこ》に置《お》き、蹴《け》り足《あし》は軸《じく》足《あし》に対《たい》して90度《ど》になるように開《ひら》いてキックします。

これ知《し》ってる？ インサイドキックの蹴《け》りかた

▲軸足《じくあし》のヒザは軽《かる》く曲《ま》げ、ボールの真横《まよこ》に踏《ふ》みこむ。つま先《さき》は目標《もくひょう》に向《む》ける。蹴《け》り足《あし》はヒザ下《した》を振《ふ》りあげる。ももの付《つ》け根《ね》から振《ふ》り上《あ》げない

▲蹴《け》り足《あし》は軸足《じくあし》と90度《ど》に開《ひら》く。足《あし》の内側《うちがわ》（横《よこ》）、土踏《つちふ》まずあたりでボールをとらえる

▲腰《こし》を入《い》れて、ボールを押《お》し出《だ》すように蹴《け》る。蹴《け》る瞬間《しゅうかん》は足首《あしくび》を固《かた》めて、蹴《け》り足《あし》がぐらつかないようにする。猫背《ねこぜ》にならないように

問題《もんだい》13

初級《しょきゅう》

強《つよ》くてスピードのあるシュートやロングパスに適《てき》している蹴《け》りかたは？

1. インステップキック
2. インサイドキック
3. アウトサイドキック
4. トーキック

ヒント
hint

問題《もんだい》10のイラストを見《み》ながら考《かんが》えてみましょう。

13の答《こた》え

1

インステップキック

なんで

強《つよ》く速《はや》いボールを蹴《け》れるから

強《つよ》くて速《はや》いボールを蹴《け》るときに使《つか》うキックです。足《あし》の甲《こう》の内側《うちがわ》でボールの中心《ちゅうしん》をしっかりとらえて蹴《け》ります。

▶インパクト

キックする瞬間《しゅんかん》のこと。ボールの中心《ちゅうしん》に当《あ》てること

これ知《し》ってる？

インステップキックのメリットとデメリット

メリット

- シュートなどの強《つよ》く速《はや》いボールを蹴《け》ることができる
- 遠《とお》くへ強《つよ》いボールを飛《と》ばすことができる

デメリット

- 足《あし》を大《おお》きく振《ふ》るため、ボールに当《あ》てるまで時間《じかん》がかかり、コースを読《よ》まれやすい
- 足先《あしさき》を伸《の》ばして蹴《け》るため、慣《な》れるまでインパクトがむずかしい

インステップキックの蹴《け》りかた

▼キックしたい方向《ほうこう》に対《たい》して斜《なな》め後《うし》ろから寄《よ》っていく

▼インサイドキックよりも少《すこ》しはなれて、ボールの横《よこ》にしっかり踏《ふ》みこむ。軸足《じくあし》は目標《もくひょう》に向《む》ける

▲蹴《け》り足《あし》は足首《あしくび》を伸《の》ばしてボールに対《たい》して斜《なな》めに入《い》れる

▲足《あし》の甲《こう》で思《おも》い切《き》り打《う》つ。蹴《け》る瞬間《しゅんかん》は足首《あしくび》を固《かた》める

▲腕《うで》で体《からだ》のバランスをとり、蹴《け》り足《あし》はしっかり振《ふ》り抜《ぬ》く

POINT

ボールを最後《さいご》までよく見《み》ること

これ知《し》ってる？

いろんなキックを試《ため》してみよう

トーキック

つま先《さき》で蹴《け》るトーキックは、初級者《しょきゅうしゃ》でも当《あ》たれば強《つよ》いボールを蹴《け》ることができる。

メリット

- 小《ちい》さいモーションで強《つよ》いボールを蹴《け》れる
- 相手《あいて》に読《よ》まれにくく、相手《あいて》より早《はや》くボールにタッチできるので、意表《いひょう》を突《つ》くシュートに効果的《こうかてき》

デメリット

- ボールの中心《ちゅうしん》にしっかり当《あ》てるのがむずかしい
- 方向《ほうこう》をコントロールするのがむずかしい

アウトサイドキック

足《あし》の外側《そとがわ》を使《つか》って蹴《け》るアウトサイドキック。ヒザから下《した》を内側《うちがわ》から外側《そとがわ》に振《ふ》り抜《ぬ》くイメージで当《あ》てる。

メリット

- 小《ちい》さいモーションで蹴《け》ることができる
- パスする方向《ほうこう》に体《からだ》を向《む》けずにパスができるので、相手《あいて》に読《よ》まれにくく、意表《いひょう》を突《つ》ける

デメリット

- インサイドキックより正確《せいかく》に蹴《け》るのがむずかしい

ヒールキック

動《うご》きの中《なか》でかかとを使《つか》って後《うし》ろに蹴《け》り出《だ》すキック。

メリット

相手《あいて》に読《よ》まれにくい

デメリット

パスが不正確《ふせいかく》で強《つよ》いパスが出《だ》せない

スプーンキック

ボールをスプーンですくい上《あ》げるように浮《う》かすキック。

▶インターセプト

相手《あいて》パスをカットすること

メリット

インターセプトされづらい。相手《あいて》の背後《はいご》へのパスに有効《ゆうこう》

デメリット

滞空時間《たいくうじかん》が長《なが》いので、パスを受《う》けた味方《みかた》が相手選手《あいてせんしゅ》に寄《よ》せられやすい。コントロールがむずかしい

問題《もんだい》14 中級《ちゅうきゅう》

パスはどうやってトラップするの？

フットサルでは手以外《ていがい》は、体《からだ》のどこを使《つか》ってトラップしてもいいのですが、はじめに練習《れんしゅう》する基本的《きほんてき》なトラップはどれでしょう。次《つぎ》の中《なか》から選《えら》びましょう。

1 足裏《あしうら》

2 インサイド

3 アウトサイド

14の答《こた》え ▶ 1 足裏《あしうら》

?なんで

体《からだ》のそばで止《と》められるから

足裏《あしうら》を使《つか》ったトラップが多《おお》く使《つか》われます。足裏《あしうら》トラップはボールを足元《あしもと》で止《と》めることができ、インサイドトラップやアウトサイドトラップより、相手《あいて》にカットされにくいという利点《りてん》があります。その上《うえ》、足裏《あしうら》トラップからそのまま足裏《あしうら》ドリブルで左右《さゆう》に移動《いどう》したり、そのまま方向《ほうこう》転換《てんかん》したりできます。しっかり身《み》につけましょう。

▶ルックアップ

ボールを見《み》ないで顔《かお》を上《あ》げてプレーすること

足裏《あしうら》トラップ

▲ボールの軌道《きどう》をしっかり見《み》て、軌道《きどう》に沿《そ》って、真正面《ましょうめん》でボールを受《う》ける

▲つま先《さき》を上《あ》げて、ボールを足裏《あしうら》と床《ゆか》ではさむ。このとき猫背《ねこぜ》にならないように

▲トラップしたら、すぐにルックアップして、周《まわ》りの状況《じょうきょう》を見《み》る

初級《しょきゅう》

問題《もんだい》 15

足裏《あしうら》トラップするときの床《ゆか》と足《あし》の形《かたち》でよいものは次《つぎ》のどれでしょう?

1 足《あし》を浮《う》かせてかかとでボールを受《う》ける

2 つま先《さき》だけをしっかり上《あ》げて床《ゆか》と足裏《あしうら》で三角形《さんかくけい》を作《つく》るようにはさむ

3 床《ゆか》と平行《へいこう》に足裏《あしうら》を上《あ》げてボールを押《お》さえつけるようにはさむ

15の答《こた》え

▼

2

つま先《さき》だけをしっかり上《あ》げて床《ゆか》と足裏《あしうら》で三角形《さんかくけい》を作《つく》るようにはさむ

なんで

しっかり止《と》められる

1のようにかかとでボールを受《う》けると跳《は》ね返《かえ》ってしまう場合《ばあい》があります。また、3のように上《うえ》から押《お》さえつけようとすると、ボールがすり抜《ぬ》けてしまう恐《おそ》れがあります。2のように床《ゆか》と足裏《あしうら》で三角形《さんかくけい》を作《つく》るようにしてボールをはさむと、はね返《かえ》ったり、すり抜《ぬ》けたりしないでしっかり止《と》めることができます。

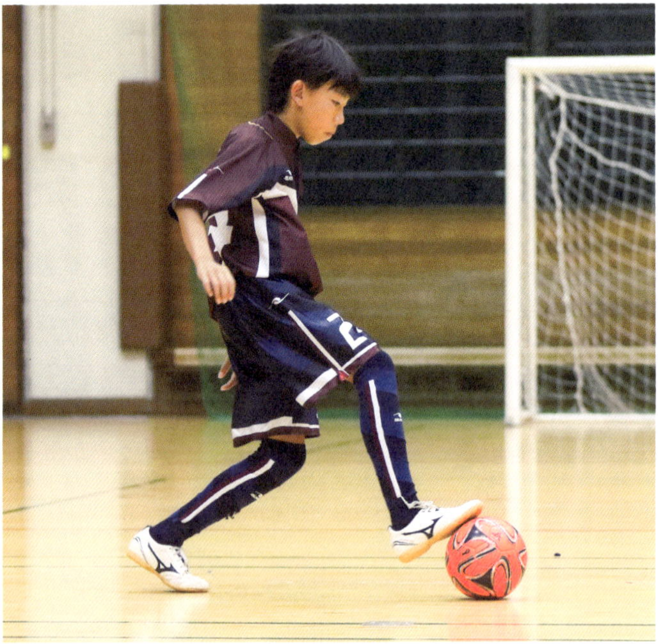

これ知《し》ってる？

いろいろなところでトラップはできる

試合《しあい》ではヒザのあたりや腰《こし》のあたり、胸《むね》のあたりにくる浮《う》いたパスもあります。これらのパスは足裏《あしうら》でトラップすることはむずかしいでしょう。フットサルでは手《て》を使《つか》うことはできませんが、パスの種類《しゅるい》によって体《からだ》のさまざまなところでトラップします。どこでトラップする場合《ばあい》でも、ボールのスピードを殺《ころ》すように、柔《やわ》らかくボールにタッチし、ボールが跳《は》ね返《かえ》らないようにするのがポイントです。

いろんなトラップを試《ため》してみよう

インサイドトラップ

浮《う》いたパスがくると、足《あし》の裏《うら》でボールをトラップすることはむずかしいので、そのときはインサイドを使《つか》いましょう。

▶軸足《じくあし》はヒザをやや曲《ま》げて、少《すこ》し腰《こし》を落《お》とす。ボールに対《たい》して体《からだ》を正面《しょうめん》に向《む》け、トラップする足《あし》を上《あ》げ、インサイドの面《めん》をボールに向《む》けよう。トラップする足《あし》はリラックスさせる

▶ボールが跳《は》ね返《かえ》らないようにトラップの瞬間《しゅんかん》は、足《あし》を少《すこ》し後《うし》ろに引《ひ》き、ボールの勢《いきお》いを吸収《きゅうしゅう》する

その他《た》のトラップ

アウトサイド

もも

胸《むね》

手《て》を使《つか》うことはできませんが、ボールの種《しゅ》類《るい》によってさまざまな箇所《かしょ》でトラップしましょう。浮《う》いたボールをトラップする場合《ばあい》は胸《むね》でトラップしたり、ももでトラップしたりできます。どこでトラップする場合《ばあい》でもリラックスして、トラップする場所《ばしょ》は柔《やわ》らかく使《つか》うことが基本《きほん》です。

トライ! トラップ＆パスの一連《いちれん》の動《うご》きをマスターしよう

◀自分《じぶん》のところにきたボールを体《からだ》のすぐそばに止《と》めるトラップ（ワンタッチ）

▶次《つぎ》のプレーがしやすい場所《ばしょ》にボールを動《うご》かす（ツータッチ）

◀パスをする方向《ほうこう》を見《み》て

▶味方《みかた》にパス、またはシュート（スリータッチ）

2人組《ふたりぐみ》、3～4人組《にんぐみ》で練習《れんしゅう》しよう

向《む》かい合《あ》った2人《ふたり》で

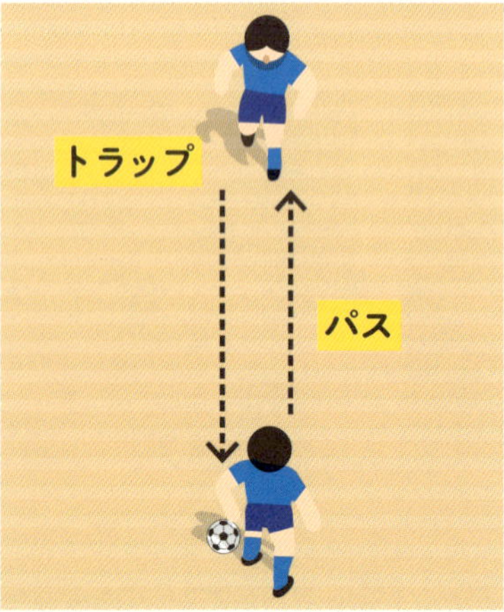

▲正面《しょうめん》からきたボールをトラップ、次《つぎ》に蹴《け》りやすい場所《ばしょ》にボールを動《うご》かし、正面《しょうめん》の味方《みかた》に蹴《け》る

3人《にん》～4人《にん》で

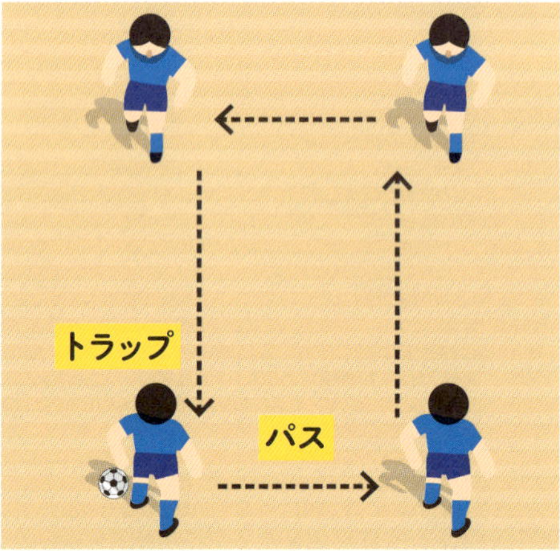

▲正面《しょうめん》からきたボールをトラップし、次《つぎ》に蹴《け》る方《ほう》向《こう》にボールを動《うご》かし、パスをする。

問題《もんだい》
16
中級《ちゅうきゅう》

パスを受《う》けるにはどこに動《うご》けばいい？

Ⓑの選手《せんしゅ》がボールを持《も》っているとき、
Ⓐの選手《せんしゅ》がパスを受《う》ける動《うご》きで、
よりよいのはどれでしょう。

1 Ⓑに対《たい》する相手《あいて》ディフェンダーの影《かげ》から出《で》る

2 ボールに近《ちか》づいていく

3 ボールがくるのを待《ま》つ

16の答《こた》え

1

Ⓑに対《たい》する相手《あいて》ディフェンダーの影《かげ》から出《で》る

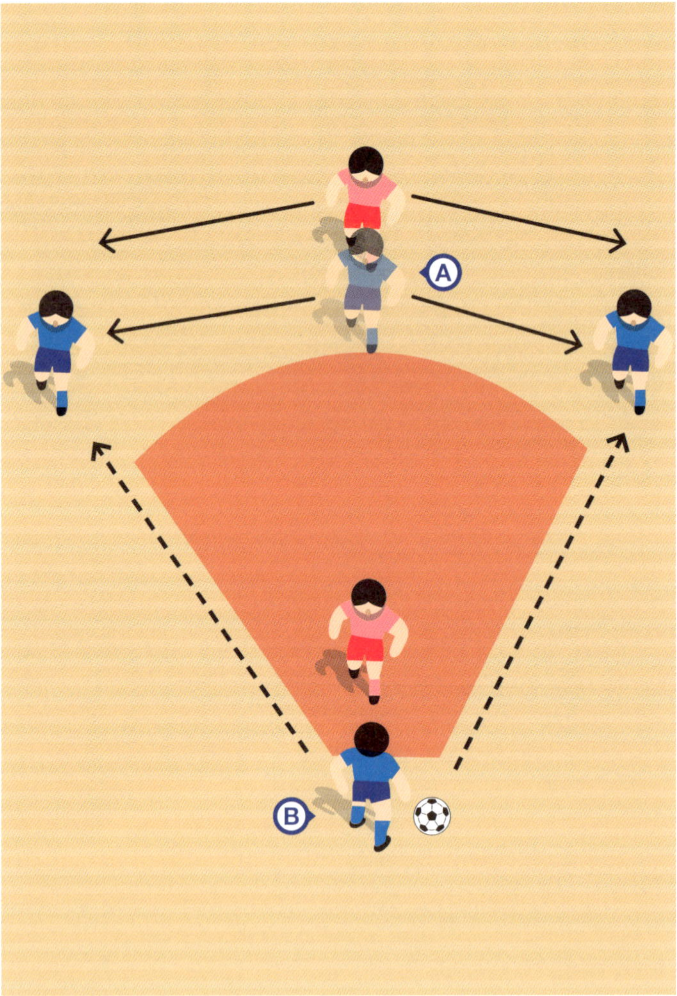

なんで

相手《あいて》ディフェンダーの守備範囲《しゅびはんい》から出《で》る

相手《あいて》ディフェンダーの影《かげ》のなかにいると、パスを出《だ》す味方選手《みかたせんしゅ》は、ボールをカットされると感《かん》じるのでパスを出《だ》せません。上《うえ》の図《ず》の場合《ばあい》、Ⓐの選手《せんしゅ》がⒷの選手《せんしゅ》から受《う》けるためには、目《め》の前《まえ》にいるディフェンダーの影《かげ》から出《で》なくてはいけません。パスを受《う》けるためには、ディフェンダーの守備範囲《しゅびはんい》から出《で》ることが大事《だいじ》になります。

← 人の動《うご》き　←-- パス　オフェンス　ディフェンス

問題《もんだい》
17
初級《しょきゅう》

相手《あいて》が自分《じぶん》の近《ちか》くにしっかりついてきて、ボールを受《う》けられない。どうしたらいい？

マークがいなくなったら
ボールをもらえるよね

1 相手《あいて》がはなれてくれるのを待《ま》つ

2 相手《あいて》の裏《うら》をとる

3 攻撃《こうげき》は仲間《なかま》に任《まか》せて守備《しゅび》につく

答《こた》えがわかったらページをめくってね

17の答《こた》え▼2

相手《あいて》の裏《うら》をとる

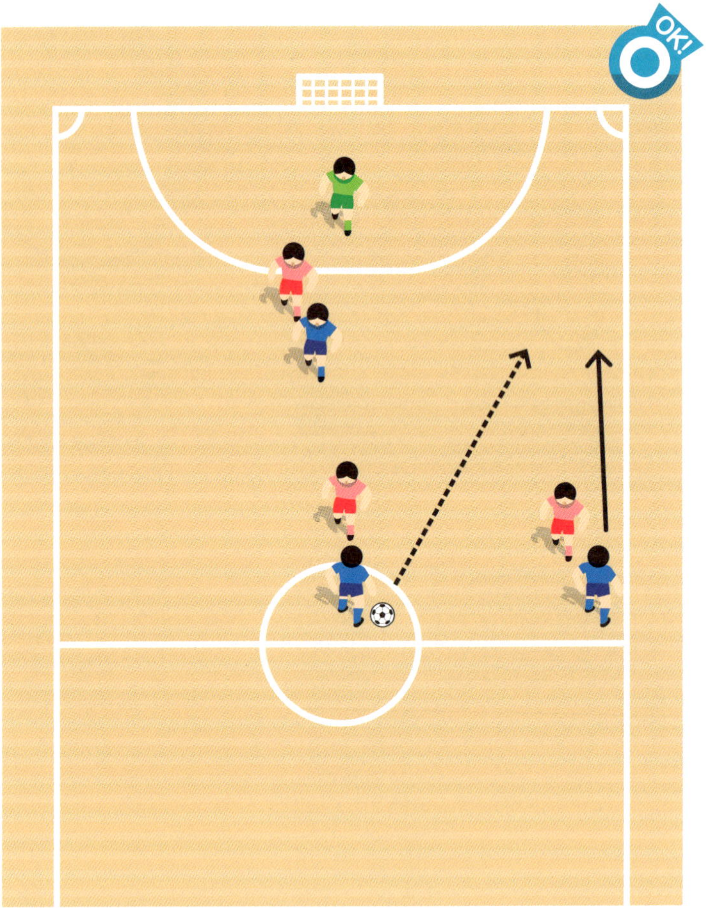

▲相手《あいて》との距離《きょり》が近《ちか》いとき、上《うえ》の図《ず》のように急《きゅう》に加速《かそく》して一気《いっき》に相手《あいて》の裏《うら》に走《はし》りこむ。うまく相手《あいて》の裏《うら》をとれてボールを受《う》けることができれば、DF を置《お》き去《ざ》りにできてチャンスが作《つく》れる

これ知《し》ってる？ パスが通《とお》らなくても スペースにパスを出《だ》すのは有効《ゆうこう》

スペースにパスを出《だ》しても、味方《みかた》が反応《はんのう》できないかもしれません。しかし、そこにパスを出《だ》したことで、味方《みかた》に『スペースに走《はし》りこめば、パスを受《う》けることができるよ』というメッセージを送《おく》ることができます。次《つぎ》に似《に》た状況《じょうきょう》になった場合《ばあい》、味方《みかた》の選手《せんしゅ》が積極的《せっきょくてき》に背後《はいご》をねらうようになるかもしれません。また相手《あいて》の DF が裏《うら》のスペースを警戒《けいかい》して、足元《あしもと》へのパスが通《とお》しやすくなるかもしれません。このようにパスをスペースに出《だ》すことで、次《つぎ》のかけひきにつなげることもできます。

← 人の動《うご》き ←-- パス オフェンス ディフェンス ゴレイロ

選手《せんしゅ》がいない
空間《くうかん》のことを
スペースというよ

初級《しょきゅう》

問題《もんだい》 18

相手《あいて》との距離《きょり》が近《ちか》くても足元《あしもと》でパスを受《う》けるためには?

1 ボールを持《も》っている味方《みかた》に近《ちか》づく

2 動《うご》いてマークを外《はず》す

3 その場《ば》で待《ま》つ

答《こた》えがわかったらページをめくってね

18の答《こた》え ▼ 2 動《うご》いてマークを外《はず》す

なんで

相手《あいて》を外《はず》す動《うご》きが必要《ひつよう》

マークしている相手《あいて》を外《はず》す動《うご》きが必要《ひつよう》です。そのために急加速《きゅうかそく》して相手《あいて》を動《うご》かし、急停止《きゅうていし》します。マークを外《はず》して足元《あしもと》でボールが受《う》けられます。1のようにただ味方《みかた》に近《ちか》づいてもマークはついていきます。3のように止《と》まっていたら当然《とうぜん》マークは外《はず》れません。

マークを外《はず》すポイント

❶急加速《きゅうかそく》

自分《じぶん》の相手《あいて》ディフェンダーが近《ちか》ければ、一気《いっき》に走《はし》り出《だ》して、相手《あいて》の裏《うら》へ抜《ぬ》けるかのように思《おも》わせます。素早《すばや》く動《うご》くことで相手《あいて》がつられて動《うご》きます（ゴー）。

❷急停止《きゅうていし》

相手《あいて》がつられたと感《かん》じたら、踏《ふ》みこんで急《きゅう》ブレーキをかけます（ストップ）。相手《あいて》の後頭《こうとう》部《ぶ》が見《み》えるところまで走《はし》ると、相手《あいて》は裏《うら》を取《と》られないように下《さ》がります。そのときがストップするタイミングです。

▶フェイク
相手《あいて》のマークを外《はず》すための動《うご》き

POINT

パスが出《で》る前《まえ》にフェイクをかける

自分《じぶん》にパスを出《だ》してくれる味方《みかた》が、顔《かお》を上《あ》げて自分《じぶん》のほうを見《み》る前《まえ》にフェイクをかけます。味方《みかた》が顔《かお》を上《あ》げたときは、フェイクが終《お》わって、パスが受《う》けられる状態《じょうたい》にしておくと、味方《みかた》は「パスを出《だ》しても大丈《だいじょう》夫《ぶ》」と安心《あんしん》してパスを出《だ》すことができます。

マークを外《はず》すためのフェイクの動《うご》き　アラの場合《ばあい》

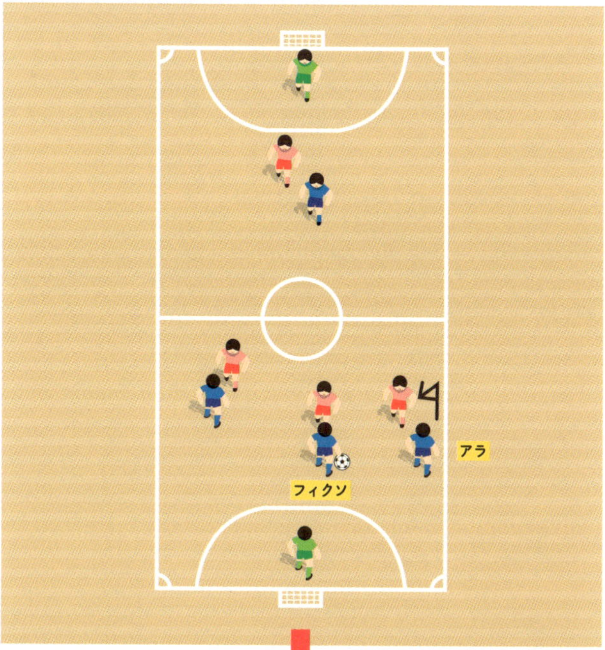

◀アラの選手《せんしゅ》がサイドでボールを受《う》けたいときは、前方《ぜんぽう》へ走《はし》るふりをして縦《たて》に相手《あいて》を揺《ゆ》さぶりＤＦを下《さ》げさせて距離《きょり》を作《つく》る必要《ひつよう》がある

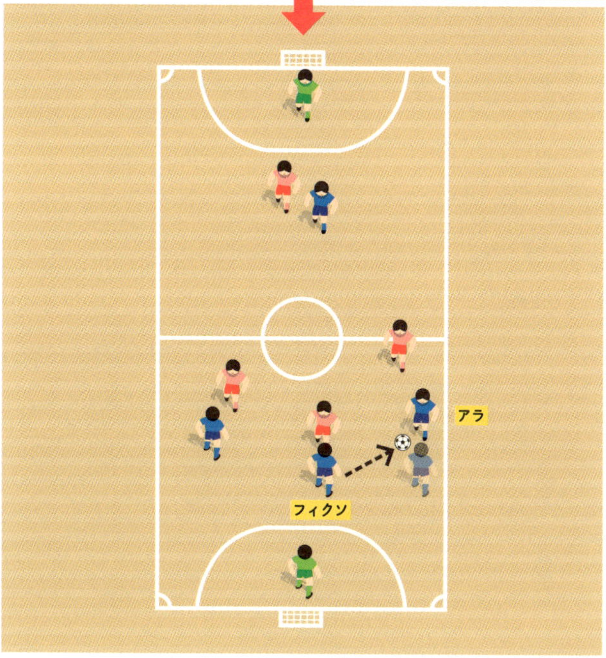

◀ＤＦが背後《はいご》のスペースに走《はし》りこまれるのを怖《こわ》がり、２～３歩後方《ぽこうほう》に下《さ》がったときに急停止《きゅうていし》して、味方《みかた》が安心《あんしん》して足元《あしもと》にパスが出《だ》せるようにしよう

人の動《うご》き　パス　オフェンス　ディフェンス　ゴレイロ

マークを外《はず》すためのフェイクの動《うご》き　ピヴォの場合《ばあい》

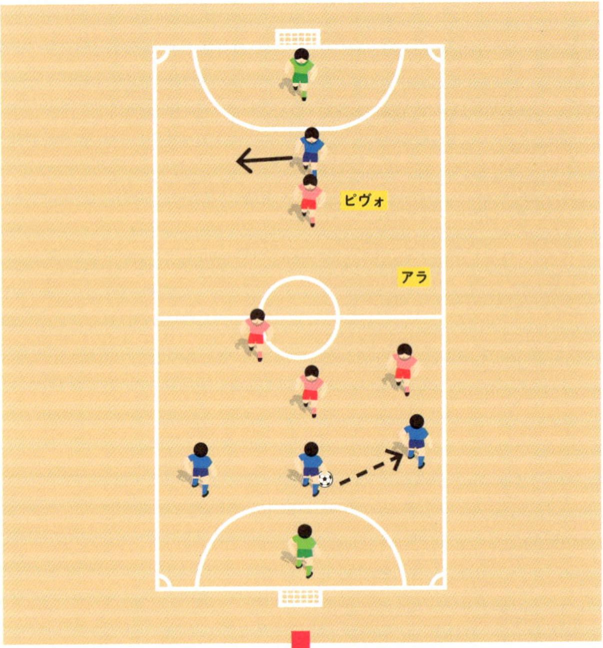

◀味方《みかた》フィクソがボールを持《も》っているときに左《ひだり》に少《すこ》しフェイクをかけて、パスが味方《みかた》アラに出《で》ると同時《どうじ》に相手《あいて》フィクソの前《まえ》に入《はい》る

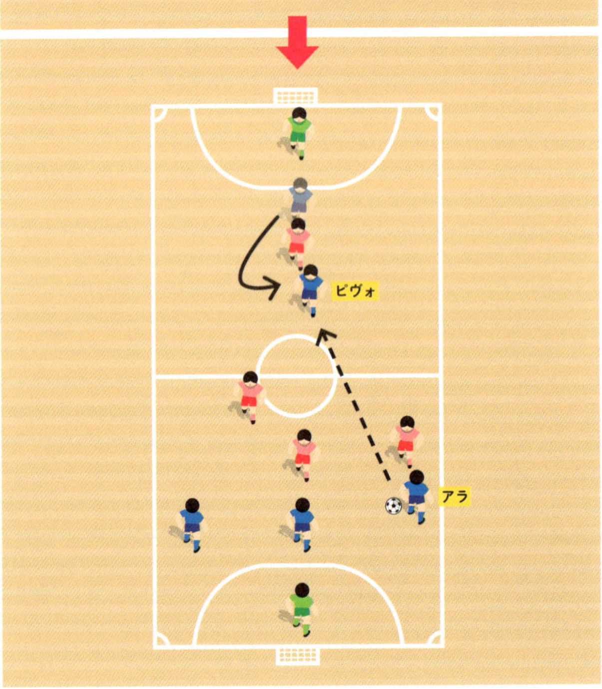

◀味方《みかた》アラがルックアップしたときには、すでに相手《あいて》フィクソの前《まえ》に入《はい》りパスが受《う》けられる状態《じょうたい》にする

← 人の動《うご》き　←-- パス　オフェンス　ディフェンス　ゴレイロ

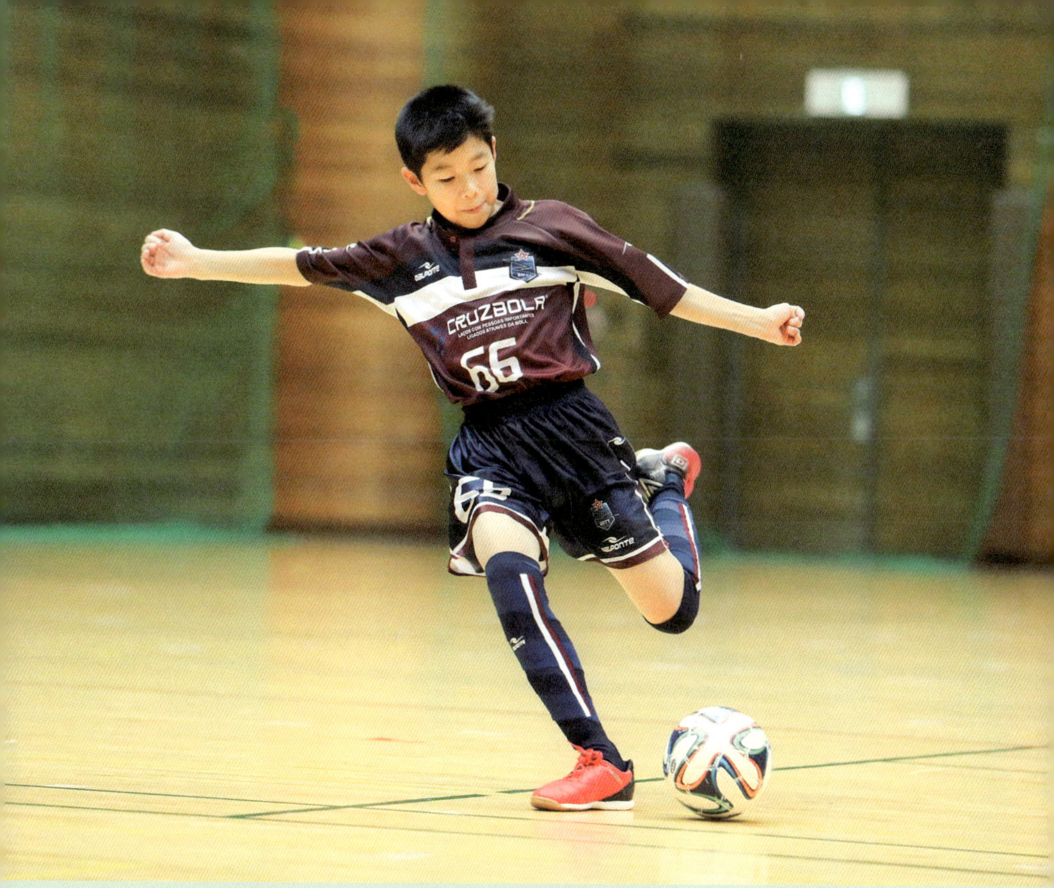

第《だい》3章《しょう》

シュート

鈴《すず》木《き》隆二《りゅうじ》のステップアップアドバイス

たくさんシュートを打《う》って シュートを決《き》めよう

攻撃《こうげき》はシュートで終《お》わらせるようにしよう

失敗《しっぱい》を恐《おそ》れずにシュートはどんどん打《う》ちましょう。だれでも最初《さいしょ》からうまくはできません。試合《しあい》では10本《ぽん》に一本《いっぽん》でも決《き》まればいいのです。練《れん》習《しゅう》ではなく、試合《しあい》で一本《いっぽん》決《き》めることができれば、その感覚《かんかく》を体《からだ》が覚《おぼ》えてくれます。

シュートを失敗《しっぱい》したり、相手《あいて》のシュートが決《き》まったりすると、気持《きも》ちが落《お》ちこむこともあると思《おも》います。そういうときこそ、「よし今度《こんど》は必《かなら》ず決《き》めてやるぞ!」「よし今度《こんど》は自《じ》分《ぶん》たちがゴールを決《き》める番《ばん》だ!」と闘争心《とうそうしん》をかき立《た》て、最高《さいこう》のエネルギーを出《だ》すときです。この気持《きも》ちの転換《てんかん》は、訓練《くんれん》すれば、だれでもできるようになります。攻撃《こうげき》はシュートで終《お》わらせましょう。

問題《もんだい》
19
中級《ちゅうきゅう》

ゴール前《まえ》にゴレイロがいるとき、どこをねらう？

1 下二隅《したふたすみ》

2 上二隅《うえふたすみ》

3 股下《またした》

4 顔《かお》(耳《みみ》)の横《よこ》

ヒント
hint

答《こた》えは一《ひと》つではありません。ゴレイロになった気持《きも》ちで防《ふせ》ぎづらい場所《ばしょ》を考《かんが》えてみましょう。

19の答《こた》え

1

2

3

4

全部《ぜんぶ》

▶グラウンダー

低《ひく》い弾道《だんどう》のボールのこと

なんで

全部《ぜんぶ》反応《はんのう》しづらい場所《ばしょ》だから

フットサルのゴールは小《ちい》さいので、シュートを決《き》めるのは簡単《かんたん》ではありません。シュートを打《う》つ前《まえ》にゴレイロの位置《いち》や動《うご》きをしっかり見《み》ましょう。ゴール四隅《よすみ》、顔《かお》（耳《みみ》）の横《よこ》、股下《またした》はゴレイロの反応《はんのう》しづらい場《ば》所《しょ》です。グラウンダーのボールは下二隅《したふたすみ》のコース1があれば、まずそこをねらいます。そのコースがないときは、上二隅《うえふたすみ》のコース2をねらいます。下《した》の隅《すみ》も上《うえ》の隅《すみ》もないときは、ゴレイロの股下《またした》3や耳《みみ》の横《よこ》4をねらいます。

問題《もんだい》20

初級《しょきゅう》

シュートを打《う》つ際《さい》の心《こころ》の持《も》ちかたは？

問題《もんだい》21

中級《ちゅうきゅう》

シュートを打《う》つ際《さい》に見《み》るところは？

20の答《こた》え ▶ 1 絶対《ぜったい》に入《はい》る

なんで

強《つよ》い気持《きも》ちが大事《だいじ》

ゴレイロがシュートを防《ふせ》ぐためにゴールを守《まも》っています。その壁《かべ》を突破《とっぱ》するためには「絶対《ぜったい》に入《はい》る」といった強《つよ》い気持《きも》ちで蹴《け》ることが大事《だいじ》です。すさまじいシュートを打《う》つと信《しん》じこんで打《う》つほうがいいでしょうし、そのほうが楽《たの》しいはずです。

21の答《こた》え ▶ 1 2 3 4 全部《ぜんぶ》

なんで

状況《じょうきょう》をよく見《み》る

シュートするときは状況《じょうきょう》をよく見《み》ることが大切《たいせつ》です。必《かなら》ずゴレイロの位置《いち》、ディフェンスの位置《いち》を確認《かくにん》してボールをしっかり見《み》ながら、ボールの中心《ちゅうしん》をとらえて蹴《け》りましょう。インパクト(ボールの中心《ちゅうしん》に当《あ》たる)を意識《いしき》して蹴《け》ってください。

PO!NT

❶ シュートを打《う》つ前《まえ》にゴレイロの位置《いち》や動《うご》きをしっかり見《み》て、**ねらいを定《さだ》めましょう**。

❷ 次《つぎ》に、ボールをよく見《み》て、**インパクト**(ボールの中心《ちゅうしん》に当《あ》たる)を意識《いしき》して蹴《け》ってください。

❸ **絶対《ぜったい》に決《き》まる**と信《しん》じこんで、姿勢《しせい》を正《ただ》して、大《おお》きく踏《ふ》みこんで、思《おも》いっきりシュートを打《う》ちましょう。

❹ **何度《なんど》でもトライ**する。それがシュート向上《こうじょう》の極意《ごくい》です。

問題《もんだい》 22
中級《ちゅうきゅう》

状況《じょうきょう》に合《あ》ったキックはどれでしょう？

あ～うの状況《じょうきょう》で使《つか》うと有効《ゆうこう》なキックを
1～4の中《なか》から選《えら》びましょう。

あ ゴールの前《まえ》でフリー。
味方《みかた》からの速《はや》いパスを1タッチでゴールに正確《せいかく》に流《なが》しこむ

い 相手《あいて》との距離《きょり》が少《すこ》しあるので、
速《はや》くて強《つよ》いシュートを打《う》つ

う 相手《あいて》が近《ちか》い。
相手《あいて》がボールに触《ふ》れるよりも一瞬《いっしゅん》早《はや》くシュートを打《う》つ

1 インステップキック

2 インサイドキック

3 アウトサイドキック

4 トーキック

答《こた》えがわかったらページをめくってね

22の答《こた》え ▶ あ－2　い－1　う－4

なんで

状況《じょうきょう》に適《てき》したキックを打《う》つ

★インサイドキック

広《ひろ》い面《めん》で合《あ》わせるため、動《うご》いているボールにも当《あ》てやすく、正確《せいかく》なキックを蹴《け》ることができます。フットサルはゴールが小《ちい》さいため、比較的《ひかくてき》ゴールに近《ちか》いところからシュートします。ですからスピードのあるシュートよりも、キーパーが反応《はんのう》しにくいコースへの正確《せいかく》なシュートを打《う》つことが大切《たいせつ》です。

★インステップキック

速《はや》くて強《つよ》いシュートが打《う》てます。力《ちから》を入《い》れすぎるとコントロールの正確《せいかく》さが失《うしな》われることがあるので注意《ちゅうい》しましょう。

★トーキック

小《ちい》さな足《あし》の振《ふ》りから強《つよ》いシュートを打《う》つことができるので、キーパーが反応《はんのう》しづらいキックです。相手《あいて》より一瞬早《いっしゅんはや》くボールにタッチできます。

問題《もんだい》 23 初級《しょきゅう》

ゴレイロに近《ちか》い距離《きょり》から強《つよ》いシュートを打《う》ちましたが、コースを読《よ》まれて防《ふせ》がれてしまいました。どんな練習《れんしゅう》をすればいいでしょうか？

1. もっと強《つよ》く打《う》てるように練習《れんしゅう》する
2. ゴレイロとのかけひきを練習《れんしゅう》する
3. 変化《へんか》するシュートを打《う》てるように練習《れんしゅう》する

答《こた》えがわかったらページをめくってね

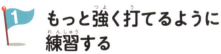

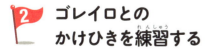

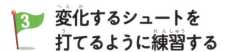

23の答《こた》え

2

ゴレイロとのかけひきを練習《れんしゅう》する

なんで

タイミングを外《はず》すため

シュートをするとき、ゴレイロとのかけひきは欠《か》かせません。ゴレイロにシュートコースを読《よ》まれないために、タイミングを外《はず》す「キックフェイント」は重要《じゅうよう》な技術《ぎじゅつ》です。ぜひ身《み》につけてください。

キックフェイント

▲蹴《け》り足《あし》のヒザを少《すこ》し曲《ま》げ、蹴《け》るタイミングをずらす。蹴《け》り足《あし》を大《おお》きく蹴《け》り上《あ》げる必要《ひつよう》はない。蹴《け》り足《あし》のヒザを少《すこ》し曲《ま》げるだけでキーパーが反応《はんのう》し、効果《こうか》がある

第《だい》4章《しょう》

ドリブル

鈴《すず》木《き》隆《りゅう》二《じ》のステップアップアドバイス

3つのドリブルでゴールに近《ちか》づく

パスコースを作《つく》るためにもドリブルは必要《ひつよう》

得点《とくてん》はシュートによって決《き》まります。そのためにはボールをシュートの打《う》てる場所《ばしょ》、相手《あいて》ゴールに近《ちか》づける必要《ひつよう》があります。その手段《しゅだん》としてパスとドリブルがあります。

パスはドリブルより速《はや》くボールを移動《いどう》させることができます。パスによる連携《れんけい》プレーは魅力的《みりょくてき》ですが、いつもパスが出《だ》せるわけではありません。パスを出《だ》したくても、相手《あいて》ディフェンダーに寄《よ》せられたときは、パスが出《だ》せる場所《ばしょ》までドリブルをする必要《ひつよう》があります。なぜなら、ボールを持《も》って止《と》まっていても、新《あたら》しいパスコースができないからです。ここでは運《はこ》ぶドリブルと、その場《ば》でキープするドリブル、そして突破《とっぱ》のドリブルの3つの種類《しゅるい》を紹介《しょうかい》します。

問題《もんだい》 24
初級《しょきゅう》

パスを出《だ》せないときはどうする？

パスしようとしたら、
味方《みかた》が相手《あいて》ディフェンダーに
マークされていて、パスが出《だ》せません。
こんなときは
どうしたらいいでしょう？

 答《こた》えがわかったらページをめくってね

24の答《こた》え ▼ ドリブルをする

なんで

ボールを守《まも》りながら、新《あたら》しいパスコースを作《つく》る。味方《みかた》がパスを受《う》けられるポジションをとる時間《じかん》を作《つく》る

　味方《みかた》がマークされているときはドリブルをしましょう。スペースへボールを縦《たて》、もしくは横《よこ》へ運《はこ》びます。それによって、ボールを守《まも》りながら、新《あたら》しいパスコースを作《つく》ることができます。

　また、ドリブルをしている間《あいだ》に、味方《みかた》がパスを受《う》けられるポジションをとることもできます。足元《あしもと》でボールをキープするより、ドリブルでしっかりとボールを運《はこ》んだほうが安全《あんぜん》です。

POINT

ルックアップする

「運《はこ》ぶドリブル」は次《つぎ》にパスやシュートにつなげるためのものです。ドリブルをするときは、ルックアップしてまわりを見《み》ることに集中《しゅうちゅう》しましょう。そしてボールに触《ふ》れるときだけ、上半身《じょうはんしん》を起《お》こした姿勢《しせい》のままボールを見《み》ます。触《ふ》れたあとはまたすぐルックアップします。ドリブルをするときは、ボールを体《からだ》からあまりはなさないでボールを運《はこ》ぶのがポイントです。

これ知《し》ってる?

運《はこ》ぶドリブル

　自分《じぶん》をマークする相手《あいて》からボールを守《まも》りながら、パスのできる状況《じょうきょう》まで保《ほ》持《じ》しながら移動《いどう》するドリブルを「運《はこ》ぶドリブル」といいます。

問題《もんだい》25

中級《ちゅうきゅう》

ボールを奪《うば》いにきた相手《あいて》から ボールを守《まも》る方法《ほうほう》は？

1. 足《あし》の裏《うら》でボールを押《お》さえこむ

2. ボールと相手《あいて》の間《あいだ》に自分《じぶん》の体《からだ》を入《い》れる

3. ボールを早《はや》く動《うご》かして触《さわ》らせない

25の答《こた》え ▼ 2

ボールと相手《あいて》の間《あいだ》に自分《じぶん》の体《からだ》を入《い》れる

なんで

ボールを相手《あいて》から遠《とお》ざけて触《さわ》らせない

ボールを取《と》りにくる相手《あいて》をかわせれば、チャンスになります。しかし、パスが弱《よわ》かったり、相手《あいて》の寄《よ》せが早《はや》い場合《ばあい》は、ボールをキープすることになります。その際《さい》はヒジで相手《あいて》をブロックし、相手《あいて》とのボールの間《あいだ》に体《からだ》を入《い》れて、ボールを相手《あいて》から遠《とお》ざけましょう。

▲ヒジで相手《あいて》をブロックする

▲相手《あいて》とボールの間《あいだ》に体《からだ》を入《い》れる

問題《もんだい》
26
中級《ちゅうきゅう》

ゴールと相手《あいて》を背負《せお》ったときはどうすればいい？

ピヴォがゴールと相手《あいて》ディフェンダーを
後《うし》ろに背負《せお》った状態《じょうたい》で、
味方《みかた》からパスを受《う》けました。
そのときパスを出《だ》す味方《みかた》が
見《み》つかりませんでした。
味方《みかた》が上《あ》がってくるまで、
その場《ば》でキープすることにしました。
このプレーを○○する
ドリブルといいます。

1 保持《ほじ》

2 パス

3 伝授《でんじゅ》

答《こた》えがわかったらページをめくってね

26の答《こた》え ▶ 1 保持《ほじ》

なんで

ピヴォの大事《だいじ》な役目《やくめ》

ゴール前《まえ》でボールを受《う》けたピヴォは相《あい》手《て》ディフェンダーからボールを守《まも》り、足《あし》元《もと》にボールを置《お》きながら、パスのできる状況《じょうきょう》まで保持《ほじ》しなければなりません。これをその場《ば》で「保持《ほじ》するドリブル」（キープドリブル）といいます。ゴールが近《ちか》いときは反転《はんてん》シュートをねらいましょう。

トライ!

その場《ば》で「保持《ほじ》するドリブル」の練習《れんしゅう》

センターサークルまたはペナルティーエリア内《ない》で、ほかの選手《せんしゅ》に自分《じぶん》のボールを外《そと》に出《だ》されないように、1分間《ぷんかん》ドリブルをしながらボールキープする練習《れんしゅう》です。

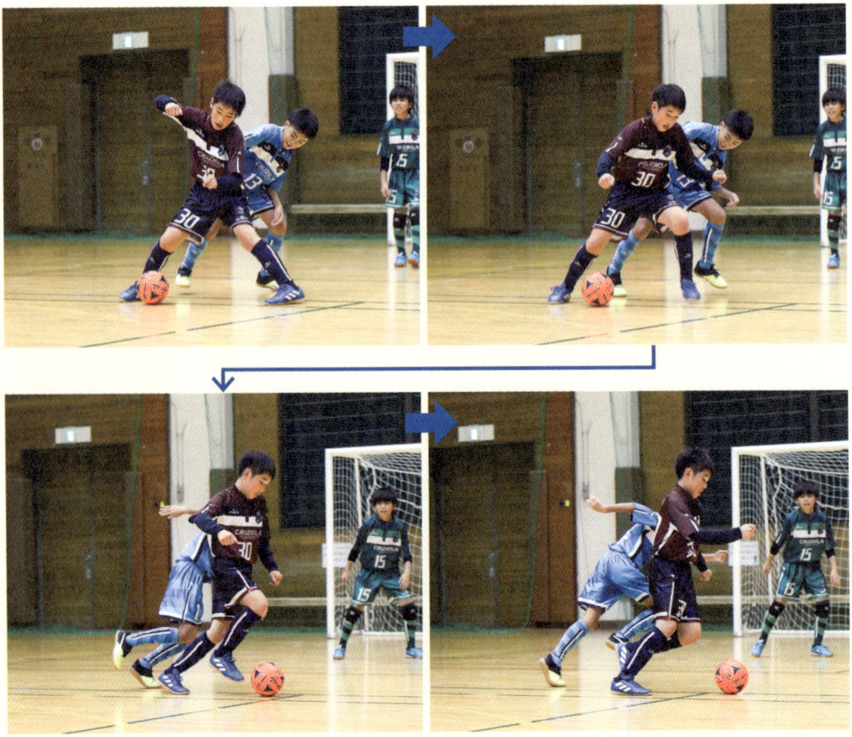

問題《もんだい》 27

中級《ちゅうきゅう》

ゴールに近《ちか》づくためのドリブルはなんというでしょうか？

1 運《はこ》ぶドリブル

2 その場《ば》でキープするドリブル

3 突破《とっぱ》するドリブル

 答《こた》えがわかったらページをめくってね

27の答《こた》え ▼

3

突破《とっぱ》するドリブル

なんで

突破《とっぱ》するためにはフェイントが必要《ひつよう》

ＤＦと正対《せいたい》したとき、突破《とっぱ》するドリブルの方法《ほうほう》は二《ふた》つあります。一《ひと》つは緩急《かんきゅう》(スピードチェンジ)を使《つか》うこと。もう一《ひと》つはフェイントです。実際《じっさい》はこの二《ふた》つを組《く》み合《あ》わせて使《つか》います。フェイントには、またぎフェイント、キックフェイント、切《き》り返《かえ》し、ボディーフェイントなどがあります。

緩急《かんきゅう》(スピードチェンジ)を使《つか》ったドリブル突破《とっぱ》

▲相手《あいて》の重心《じゅうしん》を前後《ぜんご》に揺《ゆ》さぶるために緩急《かんきゅう》を使《つか》う。一度《いちど》、止《と》まってから急加《きゅうか》速《そく》して相手《あいて》を置《お》き去《ざ》りにしよう

横《よこ》に揺《ゆ》さぶるドリブル➡またぎフェイント

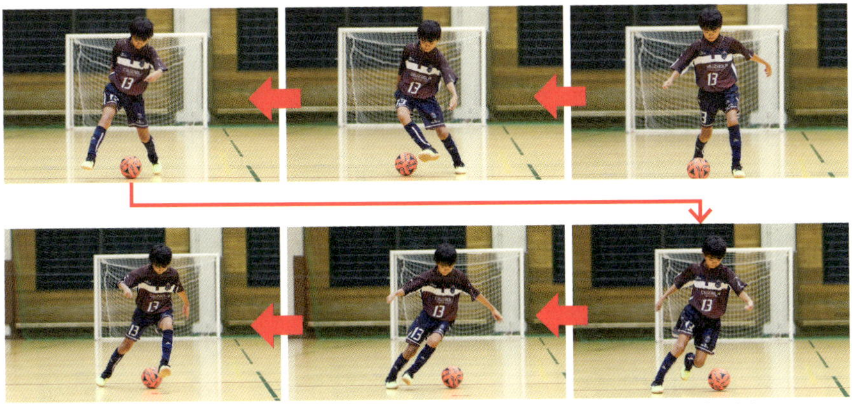

▲ボールをタッチすると見《み》せかけて触《さわ》らずにまたいで、もう一方《いっぽう》の足《あし》で逆方向《ぎゃくほうこう》に動《うご》かす

POINT

相手《あいて》の重心《じゅうしん》を動《うご》かす

相手《あいて》を抜《ぬ》くためのポイントは、相手《あいて》の重心《じゅうしん》を動《うご》かしてその逆《ぎゃく》を突《つ》くことです。重心《じゅうしん》を動《うご》かすために、行《い》きたい方《ほう》向《こう》とは違《ちが》う方向《ほうこう》に行《い》くと思《おも》わせるプレーが「フェイント」です。

横《よこ》に揺《ゆ》さぶるドリブル➡切《き》り返《かえ》し

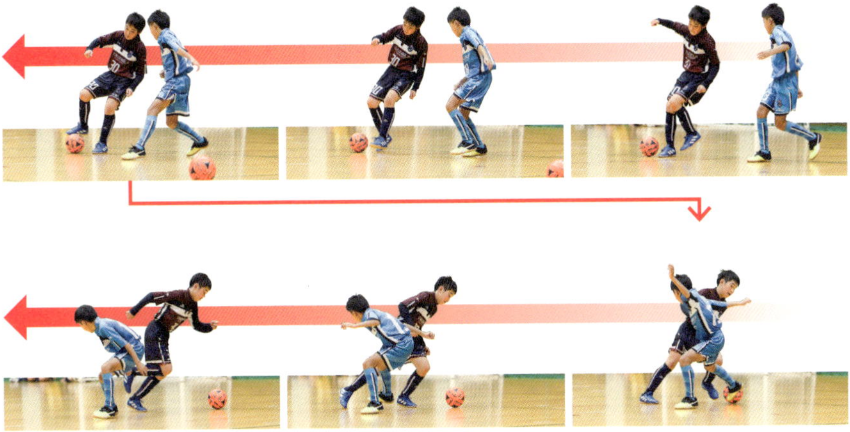

▲ドリブルの方向《ほうこう》を瞬時《しゅんじ》に変《か》えることで相手《あいて》をかわす

トライ!　足裏《あしうら》ドリブルを覚《おぼ》えよう！

足裏《あしうら》を使《つか》ったキープドリブル

▲相手《あいて》ディフェンダーを背《せ》にしながら、足裏《あしうら》を使《つか》ったキープドリブル

足裏《あしうら》を使《つか》った運《はこ》ぶドリブル

▲体《からだ》で相手《あいて》をブロックしながら足裏《あしうら》でボールを運《はこ》ぶ

問題《もんだい》 28 上級《じょうきゅう》

突破《とっぱ》するドリブルはどこで使《つか》う？

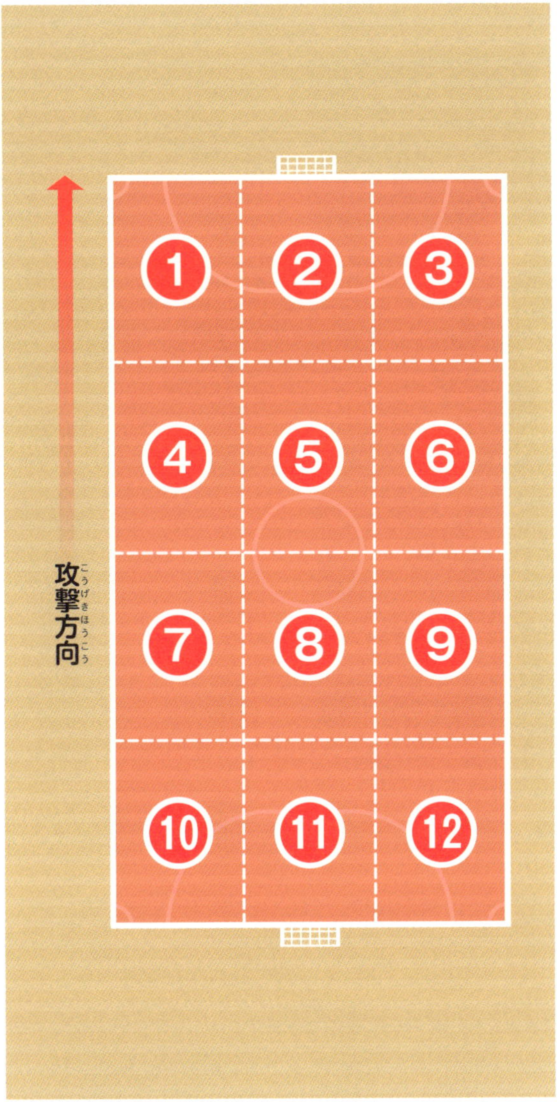

ピッチをエリアで12分割《ぶんかつ》した場合《ばあい》、
突破《とっぱ》するドリブルをしかけるのに
適《てき》したエリアはどこでしょうか？
ピッチ図《ず》の番号《ばんごう》で答《こた》えましょう。

答《こた》えがわかったらページをめくってね

28の答《こた》え▼ ❹と❻

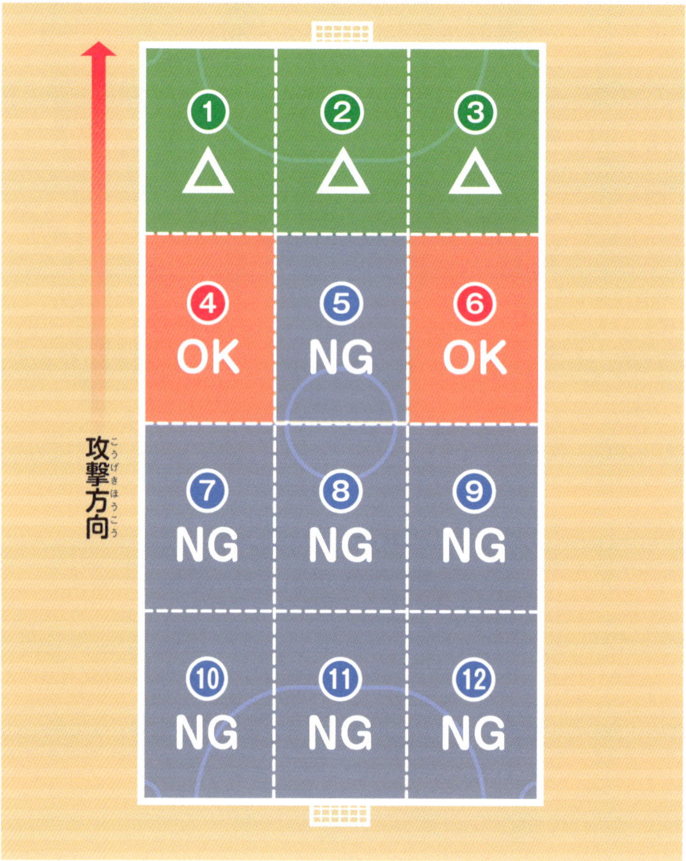

ハーフウェー付近《ふきん》のサイドが有効《ゆうこう》

突破《とっぱ》するドリブルは、ハーフウェーラインより上《うえ》のサイドから、縦《たて》または中《なか》へ相手《あいて》をかわしてシュートするのが有効《ゆうこう》です。そのため正解《せいかい》は❹と❻。敵陣《てきじん》の近《ちか》くまで侵入《しんにゅう》している場合《ばあい》ドリブルではなく、シュートやラストパスのほうが有効《ゆうこう》な選《せん》択肢《たくし》になるので、❶❷❸は△。中央《ちゅうおう》にいるときは四方《しほう》に相手《あいて》がいて、密集《みっしゅう》しているため、ボールを奪《うば》われたあとのリスクも高《たか》いことから、有効《ゆうこう》ではありません。強引《ごういん》にドリブルをしかけるのではなく2《ふた》人組《りぐみ》の連携《れんけい》プレー(ワンツー) をねらいましょう（❺はNG)。また自陣《じじん》ではドリブルをカットされた場合《ばあい》、すぐに相手《あいて》のシュートに結《むす》びついてしまいます。自《じ》陣《じん》では絶対安全《ぜったいあんぜん》なプレーを心《こころ》がけましょう（❼❽❾❿⓫⓬はNG)。

第《だい》5章《しょう》

ディフェンス

鈴木隆二《すずきりゅうじ》のステップアップアドバイス
強固《きょうこ》な守備《しゅび》で試合《しあい》を優位《ゆうい》に進《すす》めよう

ゲームを有利《ゆうり》に進《すす》める

フットサルには大《おお》きく分《わ》けて2つの局面《きょくめん》があります。ボールを保持《ほじ》して点《てん》を取《と》りにいく「オフェンス（攻《こう》撃《げき》）」と、相手《あいて》が保持《ほじ》しているボールを奪《うば》いにいく「ディフェンス（守《しゅ》備《び》）」です。ここまではシュートやパスなど、自分《じぶん》たちがボールを持《も》ってどうやってゴールを奪《うば》うかがテーマでした。この章《しょう》では、どうすれば相手《あいて》に点《てん》を取《と》られないかを考《かんが》えていきましょう。

守備《しゅび》は攻撃《こうげき》と比較《ひかく》すると、何《なに》をすればいいのか、どこに走《はし》ればいいのかなどの役割《やくわり》がわかりにくくなります。相手《あいて》に点《てん》を取《と》らせないために、またボールを奪《うば》うために何《なに》をすればいいかを理解《りかい》して、ゲームを有利《ゆうり》に進《すす》めましょう。

問題《もんだい》 29

初級《しょきゅう》

味方《みかた》のシュートを相手《あいて》ゴレイロに取《と》られてしまった。どうしますか？

＼ヒント／
hint

相手《あいて》ゴレイロが、ボールをキャッチしたらすぐに、カウンターをしかけてくることもあります。

1 悔《くや》しがる

2 ゴレイロのパスコースをじゃまする

3 すぐに自陣《じじん》に戻《もど》って守備《しゅび》のポジションにつく

▶自陣《じじん》
センターラインをはさんで自分《じぶん》たちのエリアのこと

▶カウンター
相手《あいて》の守備《しゅび》が整《ととの》う前《まえ》に攻《せ》める戦術《せんじゅつ》

答《こた》えがわかったらページをめくってね

29の答《こた》え ▼ 3 すぐに自陣《じじん》に戻《もど》って守備《しゅび》のポジションにつく

なんで

カウンターを防《ふせ》ぎ、攻撃《こうげき》を遅《おく》らせる

悔《くや》しがっている暇《ひま》はありません。相手《あいて》ボールになったら、全員《ぜんいん》がすぐに自陣《じじん》に戻《もど》って、ゴールを防《ふせ》ぐために守備《しゅび》のポジションにつきます。素早《すばや》く4対《たい》4の態勢《たいせい》を作《つく》り、相手《あいて》のカウンターを防《ふせ》ぎ、相手《あいて》の攻撃《こうげき》を遅《おく》らせます。全員《ぜんいん》で戻《もど》らないと、数的不利《すうてきふり》となり、簡単《かんたん》にボールをゴール近《ちか》くまで運《はこ》ばれてしまいます。また、ゴレイロからのパスをカットすればチャンスになりますが、カットできず、パスを通《とお》されると自陣《じじん》に戻《もど》るのが遅《おく》れて数的不利《すうてきふり》になるので、まずは守備《しゅび》に戻《もど》ることを考《かんが》えましょう。

POINT

全員《ぜんいん》が同《おな》じ場所《ばしょ》に戻《もど》るのではなく、それぞれのポジションに戻《もど》る

3対《たい》4の数的不利《すうてきふり》

▲1人《ひとり》戻《もど》らない選手《せんしゅ》がいると3対《たい》4の数的不利《すうてきふり》となり、簡単《かんたん》にボールを運《はこ》ばれてしまう

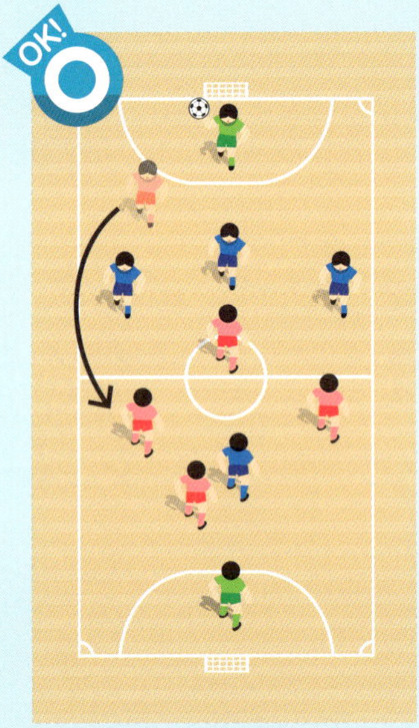

すぐに戻《もど》って4対4に

▲すぐに自陣《じじん》に戻《もど》れば4対《たい》4となって相手《あいて》の攻撃《こうげき》を遅《おく》らせることができる

← 人の動《うご》き　オフェンス　ディフェンス　ゴレイロ

問題《もんだい》 30
初級《しょきゅう》

フットサルの守備《しゅび》の基本《きほん》は？

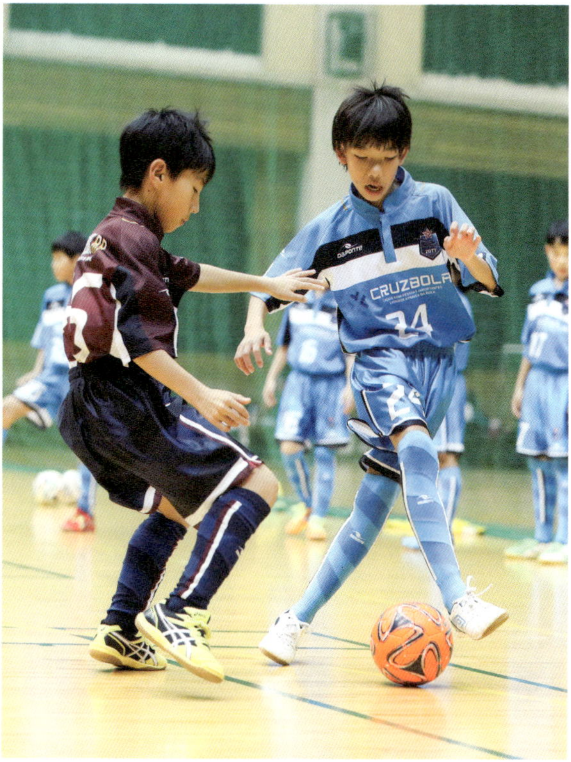

フットサルの守備《しゅび》の基本《きほん》は□対《たい》□です。
□に入《はい》る数字《すうじ》はなんでしょう？

30の答《こた》え

▼

1対《たい》1

なんで

守備《しゅび》の基本《きほん》はマンツーマン だれのマークにつくか素早《すばや》く決《き》める

フットサルの守備《しゅび》の基本《きほん》はマンツーマンです。すぐに自陣《じじん》に戻《もど》ったらまず自分《じぶん》がだれのマークにつくのかを素早《すばや》く決《き》めます。マンツーマンディフェンスはフットサルを始《はじ》めたばかりのチームでもわかりやすく、チームの力《ちから》を発揮《はっき》しやすい守備《しゅび》の形《かたち》です。トップチームの試合《しあい》でもよく見《み》られます。

▶マンツーマンディフェンス

それぞれの選手《せんしゅ》が特定《とくてい》の相手《あいて》選手《せんしゅ》に対《たい》して常《つね》に1対《たい》1でマークし続《つづ》けるディフェンスのこと

これ知《し》ってる？

「シュートを打《う》たれないように守《まも》る」ための基本《きほん》

ディフェンスの目的《もくてき》は、相《あい》手《て》にシュートを打《う》たせないことです。

そのためには、ディフェンダーはボールを持《も》っている相《あい》手《て》とゴールを結《むす》んだ直線上《ちょくせんじょう》にポジションをとります。相手《あいて》はゴール（シュートコース）が見《み》えると、すぐにシュートを打《う》ってきます。

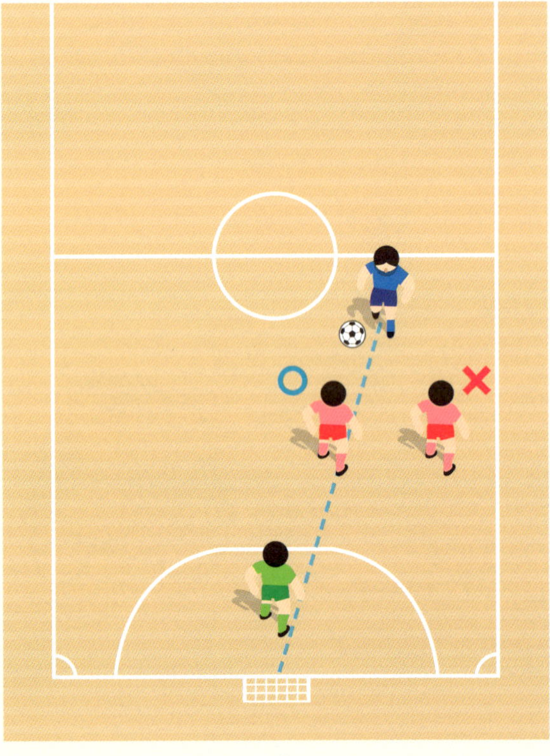

オフェンス　ディフェンス　ゴレイロ

問題《もんだい》
31
中級《ちゅうきゅう》

ボールを持《も》っている相手《あいて》への守備《しゅび》はどうする？

1がマークする相手《あいて》が
ボールを受《う》けました。
1はどのようにマークすれば
よいでしょうか？

1. 勢《いきお》いよくボールを取《と》りにいく
2. そのまま相手《あいて》と距離《きょり》を置《お》いて、半身《はんみ》で構《かま》えながら様子《ようす》を見《み》る
3. あわてて飛《と》びこまず、相手《あいて》に勢《いきお》いよく寄《よ》せて、近《ちか》くで一度《いちど》止《と》まる

ヒント
hint

ディフェンスの目的《もくてき》は、相手《あいて》に「シュートを打《う》たれないように守《まも》る」ことと「抜《ぬ》かれないように守《まも》る」ことです。相手《あいて》はドリブルやパスでゴール方向《ほうこう》に攻《せ》めこむことをねらっています。

答《こた》えがわかったらページをめくってね

31の答《こた》え

▼ 3

あわてて飛《と》びこまず、相手《あいて》に勢《いきお》いよく寄《よ》せて、近《ちか》くで一度《いちど》止《と》まる

▶パスが出《で》ると同時《どうじ》に勢《いきお》いよく相手《あいて》に寄《よ》せるのがポイント

▶相手《あいて》がボールに触《ふ》れたら一度《いちど》勢《いきお》いを止《と》めて、半身《はんみ》で構《かま》える。「シュートを打《う》たれないように守《まも》る」ための基本《きほん》となるポジションをとるようにする

なんで

相手《あいて》にうまくプレーさせず プレッシャーをかける

自分《じぶん》のマークする相手《あいて》がパスを受《う》けたら、まずはあわてて飛《と》びこまず、勢《いきお》いよく相手《あいて》に寄《よ》せて、近《ちか》くで一度《いちど》止《と》まりましょう。勢《いきお》いよくボールを取《と》りにいくと、相手《あいて》にうまくかわされて抜《ぬ》かれてしまいます。距離《きょり》があると、相手《あいて》は余裕《よゆう》をもって次《つぎ》のプレーに移《うつ》ることができます。近《ちか》くでプレッシャーをかけましょう。

これ知《し》ってる？

ボールを取《と》りにいってもいい距離《きょり》

片手《かたて》を伸《の》ばして、相手《あいて》に触《ふ》れることができるぐらい近《ちか》づいたら、足《あし》を出《だ》してボールを取《と》りにいってもいいでしょう。そのくらい近《ちか》づけたら、簡単《かんたん》に相手《あいて》にかわされる心配《しんぱい》は少《すく》ないからです。

問題《もんだい》

32

中級《ちゅうきゅう》

ボールを持《も》っている相手《あいて》をマークするときの姿勢《しせい》は？

1 相手《あいて》と正対《せいたい》する

2 片方《かたあし》の足《あし》を引《ひ》いて半身《はんみ》で構《かま》える

答《こた》えがわかったらページをめくってね

32の答《こた》え ▼ 2

片方《かたほう》の足《あし》を引《ひ》いて半身《はんみ》で構《かま》える

？なんで

左右《さゆう》どちらにでも動《うご》けるから

相手《あいて》が左右《さゆう》どちらに動《うご》いても素早《すばや》く対応《たいおう》し、しっかりついていけるように、半身《はんみ》で構《かま》えます。よく相手《あいて》を見《み》て、相手《あいて》の動《うご》きに素早《すばや》く対応《たいおう》しましょう。

PO!NT

場所《ばしょ》によって守《まも》りかたをかえる

◀正面《しょうめん》では利《き》き足側《あしがわ》の足《あし》を切《き》りながら（相手《あいて》の利《き》き足側《あしがわ》の足《あし》を前《まえ》に出《だ》す）半身《はんみ》で構《かま》える。そうして相手《あいて》の利《き》き足《あし》とは逆《ぎゃく》の方向《ほうこう》にドリブルするように追《お》いこむ

◀サイドでは中《なか》を切《き》りながら（内側《うちがわ》の足《あし》を前《まえ》に出《だ》す）半身《はんみ》で構《かま》える。そうしてサイドにドリブルするように追《お》いこむ

問題《もんだい》 33

中級《ちゅうきゅう》

自分《じぶん》がマークしていた相手《あいて》が横《よこ》にドリブルを始《はじ》めたらどうする？

← 人の動《うご》き
⇐ ドリブル
オフェンス
ディフェンス

1 並走《へいそう》して、相手《あいて》との距離《きょり》を縮《ちぢ》めながらついていく

2 相手《あいて》のドリブルのコースに入《はい》って、ボールを取《と》りにいく

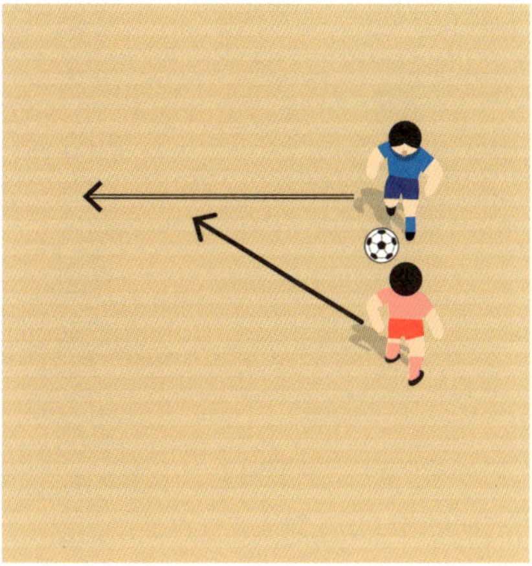

3 並走《へいそう》して、相手《あいて》と距離《きょり》をはなしながらついていく

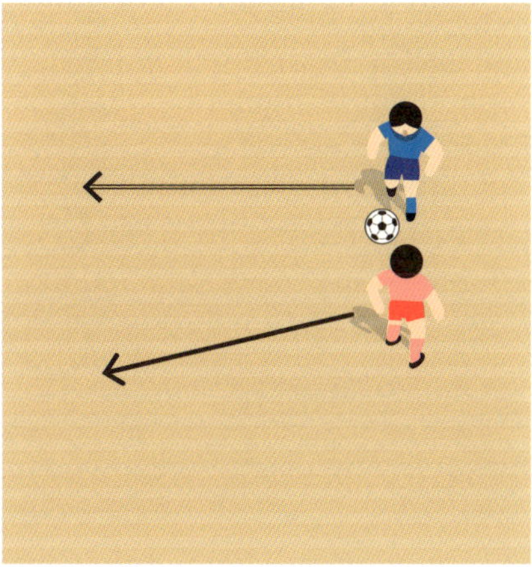

答《こた》えがわかったらページをめくってね

33の答《こた》え

1

並走《へいそう》して、相手《あいて》との距離《きょり》を縮《ちぢ》めながらついていく

なんで?

距離《きょり》を縮《ちぢ》めていくのがポイント

ディフェンスの目的《もくてき》は、相手《あいて》に「シュートを打《う》たれないように守《まも》る」ことと「抜《ぬ》かれないように守《まも》る」ことです。常《つね》にマークしている相手《あいて》とゴールを結《むす》んだ線上《せんじょう》にポジションをとりながら、並走《へいそう》してついていきます。このとき相手《あいて》との距離《きょり》を縮《ちぢ》めるのがポイントです。2のようにボールを取《と》ろうとドリブルのコースに飛《と》びこんでいくと、かわされてゴールに向《む》かってドリブルされてしまいます。3のようにはなれていくと相手《あいて》が余裕《よゆう》を持《も》って自由《じゆう》にプレーしてしまいます。

PO!NT

相手《あいて》が横《よこ》にボールを運《はこ》んだときが、もう一度《いちど》寄《よ》せるチャンスです

問題《もんだい》

34

中級《ちゅうきゅう》

マークしている相手《あいて》にドリブルで抜《ぬ》かれたらどうする？

1 後《うし》ろから追《お》いかけて
相手《あいて》の服《ふく》を手《て》でつかむ

2 カバーにきている味方《みかた》に任《まか》せ、
フリーになった
別《べつ》の相手《あいて》のマークにつく

3 しょうがないから、あきらめる

答《こた》えがわかったらページをめくってね

34の答《こた》え ▼ 2

カバーにきている味方《みかた》に任《まか》せ、フリーになった別《べつ》の相手《あいて》のマークにつく

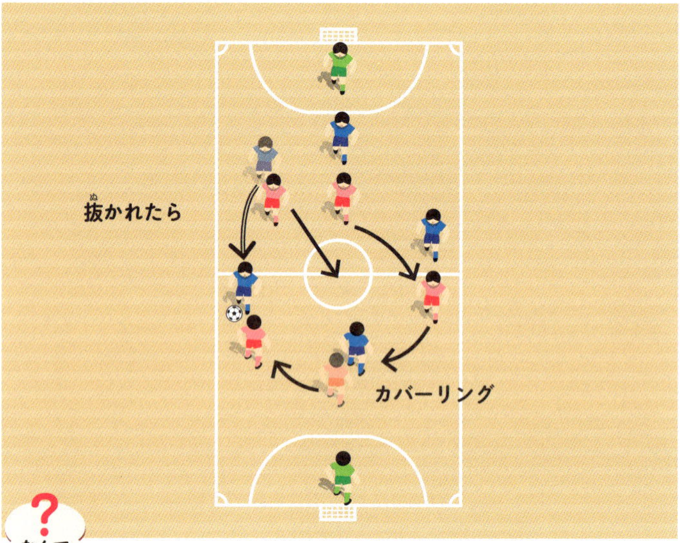

なんで

抜《ぬ》かれたときは後《うし》ろから追《お》わない

抜《ぬ》かれたあとはボールの後《うし》ろを追《お》いかけるのではなく、カバーにきている味方《みかた》に任《まか》せ、自分《じぶん》はゴールとゴールを結《むす》んだ縦《たて》のラインをめざして戻《もど》り、フリーになっている相手《あいて》を見《み》つけてマークにつくようにしましょう。後《うし》ろにいる味方《みかた》の選手《せんしゅ》がカバーリングをします。

POINT

ゴールとゴールを結《むす》ぶ中心線《ちゅうしんせん》をめざして戻《もど》る

抜《ぬ》かれたときはまず自陣《じじん》に戻《もど》ることが大事《だいじ》です。そのときに何《なに》も考《かんが》えずに自陣《じじん》に戻《もど》るのではなく、ゴールとゴールを結《むす》んだ縦《たて》の中心線《ちゅうしんせん》をめざして戻《もど》ると、フリーになった相手《あいて》を見《み》つけやすいです。

これ知《し》ってる？

相手《あいて》がシュートを打《う》ったときの対応《たいおう》

自分《じぶん》がマークをしていた相手《あいて》がシュートを打《う》ってきたときもボーっと見《み》ていてはいけません。ゴレイロが防《ふせ》ぐ、またはバーやポストに当《あ》たるなどしてボールが戻《もど》ってくることを想定《そうてい》しておきましょう。自分《じぶん》がマークしていた相手《あいて》よりも早《はや》く反応《はんのう》して、戻《もど》ってきたボールをマイボールにしましょう。

問題《もんだい》 35 上級《じょうきゅう》

味方《みかた》が抜《ぬ》かれたときのカバーリングはどう動《うご》く？

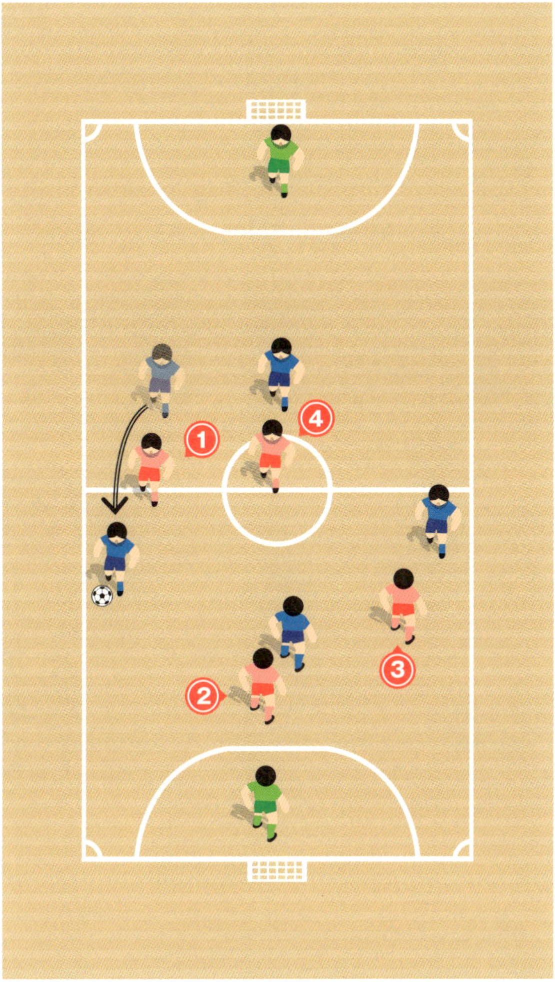

1. ボール保持者《ほじしゃ》に近《ちか》い②がカバー
2. ④が斜《なな》め後方《こうほう》から追《お》いかける
3. 足《あし》の速《はや》い③がカバー

35の答《こた》え

▼

1

ボール保持者《ほじしゃ》に近《ちか》い②がカバー

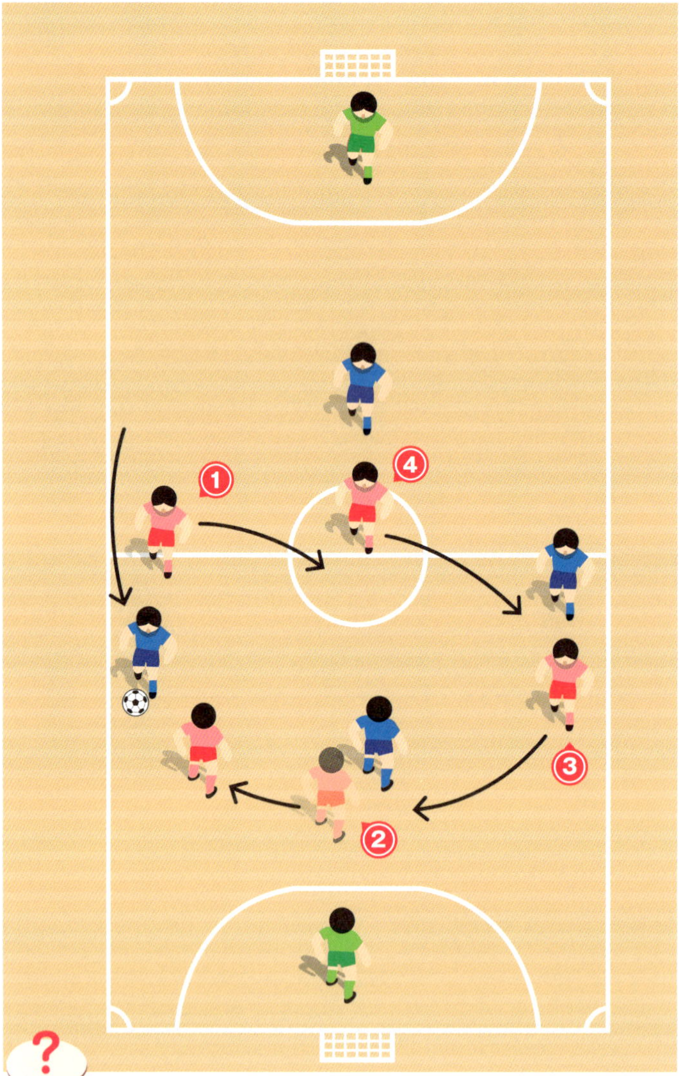

なんで

選手全員《せんしゅぜんいん》でスライドしてカバーリング

相手《あいて》の攻撃《こうげき》を遅《おく》らせるためにボール保《ほ》持者《じしゃ》に近《ちか》い②がまずはカバーにいきます。②がマークしていた選手《せんしゅ》は③が横《よこ》にスライドしてマークし、③がマークしていた選手《せんしゅ》は④がスライドしてマークします。

そして全選手《ぜんせんしゅ》が攻撃《こうげき》を遅《おく》らせているうちに抜《ぬ》かれた選手《せんしゅ》はゴールとゴールを結《むす》んだ縦《たて》の中心線《ちゅうしんせん》をめざして戻《もど》り、フリーになった相手《あいて》を見《み》つけてマークにつくようにします。

← 人の動《うご》き　←-- パス　オフェンス　ディフェンス　ゴレイロ

問題《もんだい》
36
中級《ちゅうきゅう》

1対《たい》2になったときの守《まも》りかたは？

Ⓑから Ⓐへのパスがカットされて、
1対《たい》2の状況《じょうきょう》になってしまいました。
このとき、Ⓑの動《うご》きかたで
よりよいのはどれでしょうか？

1 ボールを持《も》つ❶をマーク

2 近《ちか》くにいる❷をマーク

3 ❶ ❷を両方《りょうほう》見《み》て、
下《さ》がりながら
相手《あいて》の攻撃《こうげき》を遅《おく》らせて、
味方《みかた》が戻《もど》る時間《じかん》を作《つく》る

 答《こた》えがわかったらページをめくってね

36の答《こた》え

3

①②を両方《りょうほう》見《み》て、下《さ》がりながら相手《あいて》の攻撃《こうげき》を遅《おく》らせて、味方《みかた》が戻《もど》る時間《じかん》を作《つく》る

なんで

相手《あいて》のパスコースを切《き》りながらカウンターを遅《おく》らせる

Ⓑの選手《せんしゅ》は、まず②へのパスコースを切《き》りながら、相手《あいて》の攻撃《こうげき》を遅《おく》らせることを第一《だいいち》に考《かんが》えます。そのためには、①と②の両方《りょうほう》の動《うご》きを見《み》ながら後《うし》ろに下《さ》がります。②へのパスコースを切《き》りながら、味方《みかた》が戻《もど》る時《じ》間《かん》を作《つく》るようにします。あわててボールを奪《うば》いにいって抜《ぬ》かれると、失《しっ》点《てん》につながってしまいます。Ⓑの選手《せんしゅ》が攻撃《こうげき》を遅《おく》らせているうちにⒶの選手《せんしゅ》はゴールとゴールを結《むす》んだ縦《たて》の中心線《ちゅうしんせん》をめざして戻《もど》り、フリーになった相手《あいて》を見《み》つけてマークにつくようにします。自陣《じじん》のゴールラインから10メートルの位置《いち》まで後《うし》ろに下《さ》がってもⒶが間《ま》に合《あ》わない場合《ばあい》は、キーパーから「ボール」と大声《おおごえ》で合図《あいず》があります。そのときは②をキーパーに任《まか》せ、Ⓑはボールを持《も》った①のマークにつき、シュートを防《ふせ》ぎます。むずかしいので、何回《なんかい》も練習《れんしゅう》が必要《ひつよう》です。

← 人の動《うご》き　⇐ ドリブル　オフェンス　ディフェンス　ゴレイロ

問題《もんだい》37 中級《ちゅうきゅう》

ボールを持《も》っていない相手《あいて》をマークするポジショニングは？

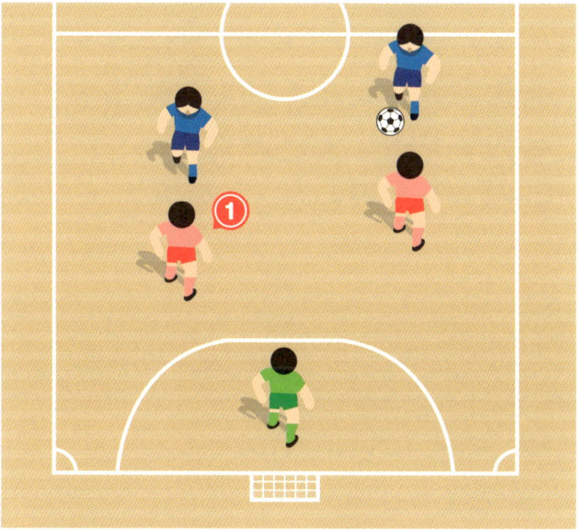

自分《じぶん》がマークしている相手《あいて》はボールを持《も》っていません。このとき、1は どのようにマークすればよいでしょう。

1 マークしている相手《あいて》とゴールを結《むす》んだ線上《せんじょう》で、マークしている相手《あいて》をしっかり見《み》る

2 マークしている相手《あいて》とゴールを結《むす》んだ線上《せんじょう》で、ボールの動《うご》きをしっかり見《み》る

3 マークしている相手《あいて》とゴールを結《むす》んだ線上《せんじょう》で、マークしている相手《あいて》とボールの両方《りょうほう》を同時《どうじ》に見《み》ることができるポジションをとる

\ヒント/ hint

まずは、自分《じぶん》のマークする相手《あいて》に自分《じぶん》の裏《うら》のスペースを取《と》られないように守《まも》ります。そして同時《どうじ》に、味方《みかた》が抜《ぬ》かれてしまったときにはカバーリングに入《はい》る大切《たいせつ》な役割《やくわり》があります。

答《こた》えがわかったらページをめくってね

37の答《こた》え▼

3 マークしている相手《あいて》とゴールを結《むす》んだ線上《せんじょう》で、マークしている相手《あいて》とボールの両方《りょうほう》を同時《どうじ》に見《み》ることができるポジションをとる

なんで

裏《うら》をとられないようにしつつ、カバーリングも意識《いしき》する

　自分《じぶん》がマークしている相手《あいて》がボールを持《も》っていないときは2つの大切《たいせつ》な仕事《しごと》があります。まずは、自分《じぶん》のマークする相《あい》手《て》に自分《じぶん》の裏《うら》のスペースをとられないように守《まも》ります。そして、2つ目《め》は味方《みかた》が、抜《ぬ》かれてしまったときにカバーに入《はい》ります。そのためには自分《じぶん》がマークしている相手《あいて》とボールを同時《どうじ》に見《み》ることができるポジションをとる必要《ひつよう》があるのです。ボールを持《も》っている相手《あいて》を直接《ちょくせつ》マークするのと同《おな》じぐらい大切《たいせつ》な役割《やくわり》です。

ボールとマークする相手《あいて》を同時《とうし》に見《み》る

▲自分《じぶん》がマークしている相手《あいて》Ⓐとボール Ⓑを同時《どうじ》に見《み》ることができるポジションをとる

マークする相手《あいて》だけを見《み》る

▲Ⓐだけマークしていると、Ⓑがドリブルで❷を抜《ぬ》いたとき、❷に代《か》わってⒷのカバーリングにいこうとしても、間《ま》にあわない

ボールだけを見《み》る

▲Ⓑのボールばかりに気《き》を取《と》られていると、気《き》がつかないうちにⒶが❶の裏《うら》のスペースに入《はい》りこんでしまう

← 人の動《うご》き　←-- パス　⇐ ドリブル　オフェンス　ディフェンス　ゴレイロ

問題《もんだい》
38
中級《ちゅうきゅう》

自分《じぶん》たちから主導権《しゅどうけん》を握《にぎ》ることのできる守備《しゅび》は？

相手《あいて》ボールになったとき、
自陣《じじん》に戻《もど》らないで、敵陣《てきじん》から激《はげ》しく
相手《あいて》にプレッシャーをかけて、
ボールを取《と》りにいく
ディフェンスのことを
［　　　　］ディフェンスという。
［　　　　］に入《はい》る言葉《ことば》は？

1 セーフティー

2 プレス

3 フラット

相手《あいて》に
寄《よ》せていくことを
「プレッシャーをかける」
というよ

38の答《こた》え

2

プレス

これ知《し》ってる？ プレスディフェンス

自分《じぶん》たちのシュートが相手《あいて》ゴレイロにキャッチされました。そのときに自陣《じじん》に戻《もど》らず敵陣《てきじん》に残《のこ》り、積極的《せっきょくてき》に前《まえ》からプレッシャーをかけて、相手《あいて》のミスを誘《さそ》いショートカウンターでゴールを奪《うば》うことをねらう戦術《せんじゅつ》をプレスディフェンスといいます。相手《あいて》は自陣《じじん》のゴール前《まえ》で冷静《れいせい》に何本《なんぼん》もパスをつなぐのはリスクがあるので、プレスをかけられると精神的《せいしんてき》にもプレッシャーを感《かん》じます。しかし、前《まえ》から積極的《せっきょくてき》にプレスをかけるということは、一本《いっぽん》のパスやドリブルで突破《とっぱ》をされてしまうリスクもあります。それを防《ふせ》ぐため、ゴールまでは距離《きょり》があるので、相手《あいて》をどこに追《お》いこみボールを奪《うば》うか、だれがカバーリングをするかなど役割《やくわり》をしっかりと決《き》めなければなりません。選手同士《せんしゅどうし》の連携《れんけい》が大切《たいせつ》になります。

PO!NT

プレスをかけて相手《あいて》のミスを誘《さそ》う

ボールを持《も》っている相手《あいて》へのプレスを連続《れんぞく》していると、相手《あいて》のパスワークが乱《みだ》れてきます。パスワークが乱《みだ》れてくると余裕《よゆう》のないパスを出《だ》すようになります。そうしたパスをインターセプトするチャンスが出《で》てくるので、そこをねらうようにします。

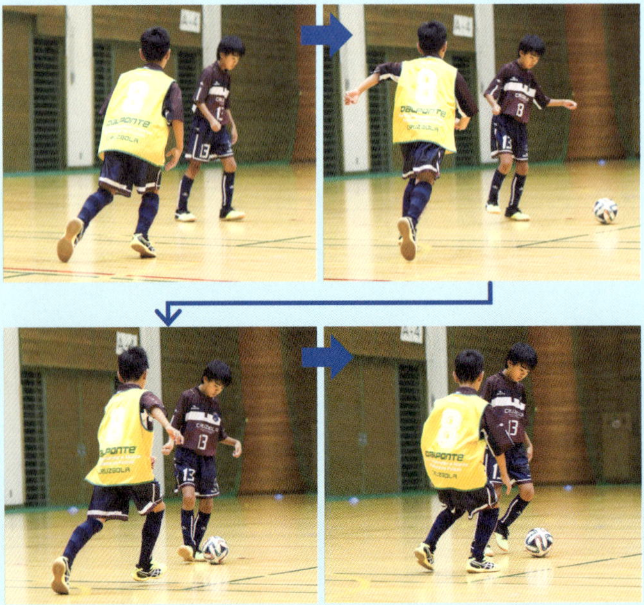

問題《もんだい》 39
中級《ちゅうきゅう》

相手《あいて》エースにはどう対応《たいおう》する？

1 2人《ふたり》がかりでディフェンス

2 パスを入《い》れさせないようにする

3 反則覚悟《はんそくかくご》で守《まも》る

39の答《こた》え ▶ 2 パスを入《い》れさせないようにする

POINT

ボールが入《はい》る前《まえ》のかけひき

相手《あいて》は点《てん》を取《と》るために、エースにボールを集《あつ》めてきます。そのパスをねらってカットし、カウンターにつなげましょう。ボールとマークする選手《せんしゅ》を同一視野《どういつしや》にとらえ、パスが出《で》た瞬間《しゅんかん》に相手《あいて》の前《まえ》に入《はい》って先《さき》にボールに触《さわ》るようにしましょう。

POINT

ボールが入《はい》ってからのかけひき

ピヴォにボールを入《い》れられたら、飛《と》びこんではいけません1。反転《はんてん》してシュートを打《う》つ瞬間《しゅんかん》に、ボールの前《まえ》に立《た》って2、ボールを体《からだ》に当《あ》てるブロックをねらいましょう3。

第《だい》6章《しょう》

ゴレイロ

鈴木隆二《すずきりゅうじ》のステップアップアドバイス

唯一無二《ゆいいつむに》のゴレイロの役割《やくわり》

チームでただ1人《ひとり》手《て》が使《つか》える守備《しゅび》の要《かなめ》

フットサルのチームの中《なか》で、もっとも特殊《とくしゅ》なポジションがゴレイロです。サッカーでゴールキーパーと呼《よ》ばれるポジションであり、フットサルでも同《おな》じように呼《よ》ばれたり、GKと表記《ひょうき》されたりすることもあります。

ゴレイロがもっとも特殊《とくしゅ》なポジションである理由《りゆう》は、自陣《じじん》のペナルティーエリア内《ない》では手《て》を使《つか》うことができるからです。もっともゴールに近《ちか》い位置《いち》に立《た》ち、文字通《もじどお》り全身《ぜんしん》を使《つか》って、最後《さいご》の番人《ばんにん》としてボールがゴールに入《はい》っていくのを阻止《そし》します。

ただし、フットサルのゴレイロの役割《やくわり》は非常《ひじょう》に多《おお》くあります。たとえば、ゴレイロが点《てん》を取《と》ることも決《けっ》して珍《めずら》しくありません。この特殊《とくしゅ》なポジションの理解《りかい》を深《ふか》めましょう。

問題《もんだい》40

初級《しょきゅう》

ゴレイロの基本姿勢《きほんしせい》でよりよいのは？

1 手足《てあし》を大《おお》きく広《ひろ》げて構《かま》える

2 軽《かる》くヒザを曲《ま》げて少《すこ》し前《まえ》かがみに構《かま》える

3 まっすぐ立《た》つ

ヒント
hint

ゴールを守《まも》ること、そして素早《すばや》く動《うご》けることが大事《だいじ》です。

答《こた》えがわかったらページをめくってね

40の答《こた》え

▼ 2

軽《かる》くヒザを曲《ま》げて少《すこ》し前《まえ》かがみに構《かま》える

なんで

素早《すばや》く反応《はんのう》し、動《うご》けるように

ゴール前《まえ》では、どんな方向《ほうこう》からくるボールにも素早《すばや》く反応《はんのう》できるようにします。基本《きほん》の姿勢《しせい》は、ゴール前《まえ》でボールの方向《ほうこう》を向《む》き、軽《かる》くヒザを曲《ま》げて少《すこ》し前《まえ》かがみに構《かま》えることです。ボールの動《うご》きに合《あ》わせて体《からだ》の向《む》きを変《か》え、常《つね》にまわりの状況《じょうきょう》を把握《はあく》することに集中《しゅうちゅう》します。1のように手足《てあし》を大《おお》きく広《ひろ》げてゴールを守《まも》ることも大事《だいじ》ですが、これだと素早《すばや》く動《うご》くことができません。3のように棒立《ぼうだ》ちだとゴールを守《まも》れず、素早《すばや》く動《うご》くこともできないのでＮＧです。

これ知《し》ってる? **パンチング**

フットサルは近距離《きんきょり》からのシュートや、強《つよ》くて速《はや》いシュートが飛《と》んできます。そんなときは無理《むり》してキャッチしようとせず、体《からだ》のどこかにボールを当《あ》てて、シュートを防《ふせ》ぐか、手《て》でボールをたたくパンチングで跳《は》ね返《かえ》します。

トライ! ボールをキャッチ

POINT

両脇《りょうわき》を開《ひら》きすぎない

▲脇《わき》は開《ひら》きすぎるとボールをはじきやすくなるので、開《ひら》きすぎずに勢《いきお》いを吸《きゅう》収《しゅう》するようにキャッチ

キャッチの仕方《しかた》

▲両手《りょうて》の親指《おやゆび》と人《ひと》さし指《ゆび》で三角形《さんかくけい》を作《つく》って、ボールを包《つつ》み込《こ》むようにする

グラウンダーのボールの場合《ばあい》

転《ころ》がってきたボールが股《また》の下《した》をすり抜《ぬ》けないように、足《あし》や手《て》で股《また》の間《あいだ》をしっかりふさぐようにする

前《まえ》から

横《よこ》から

これ知《し》ってる？ ゴレイロの役割《やくわり》

[守備《しゅび》]

●相手《あいて》のシュートを防《ふせ》ぐ。守備《しゅび》の要《かなめ》

●味方《みかた》ディフェンスのカバーリング

●常《つね》に全体《ぜんたい》を見《み》わたし、状況《じょうきょう》を判断《はんだん》して大声《おおごえ》で味方《みかた》に指示《しじ》を出《だ》す

[攻撃《こうげき》]

●相手《あいて》のシュートをキャッチしたあと、攻撃《こうげき》の最初《さいしょ》の１本《ぽん》目《め》のパスを出《だ》す。スローのときもあれば、足《あし》でパスを出《だ》すこともある

●ゴールクリアランス時《じ》の攻撃《こうげき》の起点《きてん》。近《ちか》くの味方《みかた》に安全《あんぜん》にパスを出《だ》すことが基本《きほん》だが、チャンスがあればピヴォをねらったロングパスを出《だ》すこともある

●パワープレー時《じ》の攻撃参加《こうげきさんか》。敵陣《てきじん》に入《はい》り、パス回《まわ》しをしたりシュートを打《う》つこともある

▶パワープレー

フットサルの欠《か》かせない戦術《せんじゅつ》の一《ひと》つ。５人全員《にんぜんいん》がフィールドプレーヤーとして、攻撃《こうげき》すること

▶ゴールクリアランス

サッカーでいうゴールキックのこと。攻撃側《こうげきがわ》の選手《せんしゅ》が最後《さいご》にボールを触《さわ》ってボールがゴールラインを出《で》たときの試合《しあい》の再開方法《さいかいほうほう》

問題《もんだい》

41

中級《ちゅうきゅう》

ボールがゴールラインを割《わ》ったときの試合再開方法《しあいさいかいほうほう》は？

1 ゴールキック

2 スローイング

3 パントキック

41の答《こた》え

2

スローイング

これ知《し》ってる？ ゴールクリアランス

攻撃側《こうげきがわ》の選手《せんしゅ》が最後《さいご》に触《さわ》ったボールがゴールラインを越《こ》えてピッチの外《そと》に出《で》ると、サッカーではゴールキックで再開《さいかい》となりますが、フットサルの場合《ばあい》はゴールクリアランスというゴレイロからのスローイングで再開《さいかい》となります。このときの投《な》げかたは上《うえ》から遠《とお》くまで投《な》げてもいいし（オーバースロー）、近《ちか》くの味方《みかた》に転《ころ》がして投《な》げ入《い》れてもＯＫです（アンダースロー）。ただし、直接相手《ちょくせつあいて》ゴールに投《な》げ入《い》れても得点《とくてん》にはなりません。なお、日本《にほん》ではロングボールの応酬《おうしゅう》とならないように、中学生《ちゅうがくせい》までは、直接《ちょくせつ》ハーフラインを越《こ》えるスローを投《な》げてはいけません。一度《いちど》ボールが自陣《じじん》にワンバウンドするスローであれば OKです。

オーバースロー

アンダースロー

これ知《し》ってる？ ラインを踏《ふ》んでいればいい

ゴールクリアランスのときはルックアップしながら、ラインぎりぎりまでボールを運《はこ》んで投《な》げます。ラインを越《こ》えるのは反則《はんそく》ですが、ラインを踏《ふ》んでいれば反則《はんそく》にはなりません。

POINT

ピヴォをねらう

まずは前《まえ》にいるピヴォの選手《せんしゅ》をねらって投《な》げましょう。そうすることで、相手《あいて》のディフェンダーが下《さ》がるので、近《ちか》くの味方《みかた》がフリーになりやすくなります。

問題《もんだい》
42
中級《ちゅうきゅう》

ゴレイロにバックパスをしたら笛《ふえ》が鳴《な》ったのはなぜ？

ゴールクリアランスでフィクソにパス。相手《あいて》がプレッシャーにきたため、ゴレイロにボールを戻《もど》したら審判《しんぱん》が笛《ふえ》を吹《ふ》きました。なぜでしょう？

答《こた》えがわかったらページをめくってね

42の答《こた》え ▶ 反則《はんそく》を取《と》られたから

なんで

ゴールクリアランスを
そのままゴレイロに返《かえ》すのは反則《はんそく》

ゴールクリアランスされたらボールは相手《あいて》の選手《せんしゅ》が触《さわ》るまでバックパスでゴレイロに戻《もど》すことはできません。直接《ちょくせつ》バックパスをした場合《ばあい》は、相手《あいて》ボールの間接《かんせつ》フリーキックとなります。

直接《ちょくせつ》バックパス

間接《かんせつ》フリーキック

問題《もんだい》
43
初級《しょきゅう》

パスコースを探《さが》していたら審判《しんぱん》が笛《ふえ》を吹《ふ》きました。なんの反則《はんそく》を取《と》られたでしょう？

1 4秒《びょう》ルール

2 トラベリング

3 ハンド

答《こた》えがわかったらページをめくってね

43の答《こた》え

1

4秒《びょう》ルール

なんで

ゴレイロは4秒以内《びょういない》に ゴールクリアランスを行《おこな》う

ゴールクリアランスは4秒以内《びょういない》に行《おこな》わないと、相手《あいて》に間接《かんせつ》フリーキックが与《あた》えられます。これは相手《あいて》のシュートをキャッチした場合《ばあい》も同様《どうよう》です。ペナルティーエリアを出《で》た自陣《じじん》でのプレーにも4秒《びょう》ルールが適応《てきおう》されます。

これ知《し》ってる？

4秒《びょう》は投《な》げられる体勢《たいせい》になってから

相手《あいて》のシュートを倒《たお》れこみながらセーブした場合《ばあい》、ボールを取《と》った瞬《しゅん》間《かん》から4秒《びょう》がカウントされるわけではありません。立《た》ち上《あ》がってボールを投《な》げられる体勢《たいせい》になってから4秒以内《びょういない》にゴールクリアランスを行《おこな》います。

◀相手《あいて》のシュートをキャッチ

▶シュートキャッチ後《ご》、立《た》ち上《あ》がっていない段階《だんかい》ではカウントされない

◀立《た》ち上《あ》がってボールを投《な》げられる体勢《たいせい》になるとカウントが数《かぞ》えられる

▶4秒以内《びょういない》にゴールクリアランスを行《おこな》う

問題《もんだい》 44 中級《ちゅうきゅう》

ゴレイロのポジショニングはどこがいい？

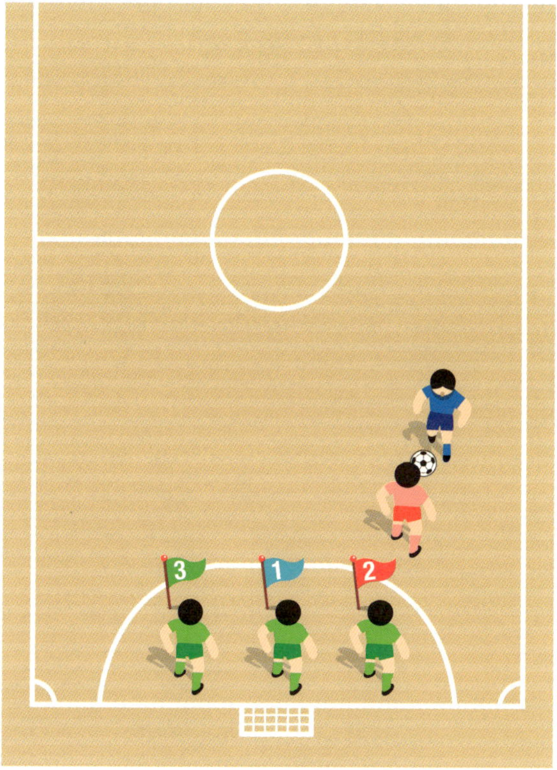

図《ず》のような状況《じょうきょう》のとき、
ゴレイロのポジショニングとして
より正《ただ》しいのは？
（相手《あいて》選手《せんしゅ》は右利《みぎき》きとします）

1 DFと重《かさ》ならないように中央《ちゅうおう》寄《よ》りに構《かま》える

2 DFと直線上《ちょくせんじょう》に構《かま》える

3 逆《ぎゃく》サイドをケアするように構《かま》える

オフェンス
ディフェンス
ゴレイロ

 答《こた》えがわかったらページをめくってね

44の答《こた》え ▶ 1 DFと重《かさ》ならないように中央寄《ちゅうおうよ》りに構《かま》える

POINT

視界《しかい》を確保《かくほ》するポジショニング

相手《あいて》のシュートに反応《はんのう》するためには、ボールが見《み》えなければいけません。ボール保持者《ほじしゃ》をマークしている味方《みかた》で、ボールが隠《かく》れないように細《こま》かくポジションを修正《しゅうせい》しましょう。ただし、視野《しや》の確保《かくほ》に意識《いしき》がいきすぎてゴール前《まえ》からはなれてしまうと、ゴールを守《まも》り切《き》れません。

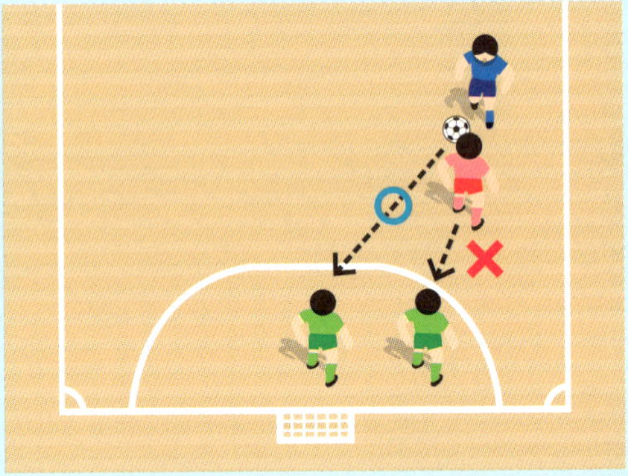

POINT

ディフェンスと連動《れんどう》するポジショニング

ゴール前《まえ》まで相手《あいて》に来《こ》られたときは、DFと連動《れんどう》してシュートコースを消《け》しましょう。DFがいるコースは任《まか》せて、逆《ぎゃく》サイドに対応《たいおう》します。ただし、レベルの高《たか》い選手《せんしゅ》になるとDFの股《また》を開《ひら》かせて、その死角《しかく》からシュートを打《う》ってくることもあります。

これ知《し》ってる? 基本《きほん》のポジショニングはボールとゴールの延長線上《えんちょうせんじょう》

ゴレイロの基本《きほん》となるポジショニングは、ボールの位置《いち》とゴールの中央《ちゅうおう》を結《むす》んだライン上《じょう》になります。どの程度《ていど》まで前進《ぜんしん》するかは、相手《あいて》とボールの位置《いち》で判断《はんだん》します。ただし、ペナルティーエリア外《がい》に出《で》てしまうと、手《て》が使《つか》えなくなるので、なるべくラインより外《そと》には出《で》ないようにしましょう。

←-- パス　オフェンス　ディフェンス　ゴレイロ

問題《もんだい》45
中級《ちゅうきゅう》

相手《あいて》にカウンターを受《う》けたときのゴレイロのポジショニングは？

ゴレイロは
ペナルティーエリアから
出《で》ることもできるよ
B
A
1

図《ず》のように相手《あいて》の速攻《そっこう》を受《う》けて
1対《たい》2の状況《じょうきょう》のとき、
ゴレイロはどう動《うご》くのが
よりよいでしょうか？

1. 前《まえ》に出《で》てフリーの選手《せんしゅ》をマーク
2. 安易《あんい》に自分《じぶん》のポジションから動《うご》かない
3. コーチの指示《しじ》を求《もと》める

答《こた》えがわかったらページをめくってね

45の答《こた》え ▶ 1 前《まえ》に出《で》て フリーの選手《せんしゅ》をマーク

なんで

ゴールを空《あ》けても、相手選手《あいてせんしゅ》に対応《たいおう》

ゴレイロの役割《やくわり》は、ゴールを守《まも》ることです。間違《まちが》えてはいけないのは、ゴールを守《まも》るというのはゴール前《まえ》に立《た》ち続《つづ》けることではありません。ゴールライン上《じょう》にボールを通《とお》さないことです。シュートを打《う》たれて、飛《と》んできたボールを止《と》めることも重要《じゅうよう》です。ただし、そもそもシュートを打《う》たれないようにするのも守備《しゅび》の一《ひと》つです。

PO!NT

1対《たい》2のときのポジショニングと役割《やくわり》

★ボールが自陣《じじん》のゴールラインから10メートルの地点《ちてん》よりも遠《とお》い位置《いち》にあるとき

❶味方《みかた》❶は、1対《たい》2の数的不利《すうてきふり》の際《さい》、10メートル手前《てまえ》まではⒶとⒷのパスコースを切《き》りながら下《さ》がります。相手《あいて》の攻撃《こうげき》を遅《おく》らせ、味方《みかた》が戻《もど》ってくる時間《じかん》を少《すこ》しでも稼《かせ》ぎます。決《けっ》して一発《いっぱつ》で飛《と》びこまないことを心《こころ》がけましょう。ゴレイロはゴールから4～5メートル付近《ふきん》にポジションをとります。10メートル手前《てまえ》での相手《あいて》のシュートはGKが対応《たいおう》します。

❷ボールが10メートルに差《さ》しかかったら、味方《みかた》❶はシュートを打たれないようにボールⒶに激《はげ》しく寄《よ》せます。その際《さい》、もう一方《いっぽう》の相手《あいて》Ⓑにパスが出《で》たら、Ⓑにはゴレイロが対応《たいおう》します。

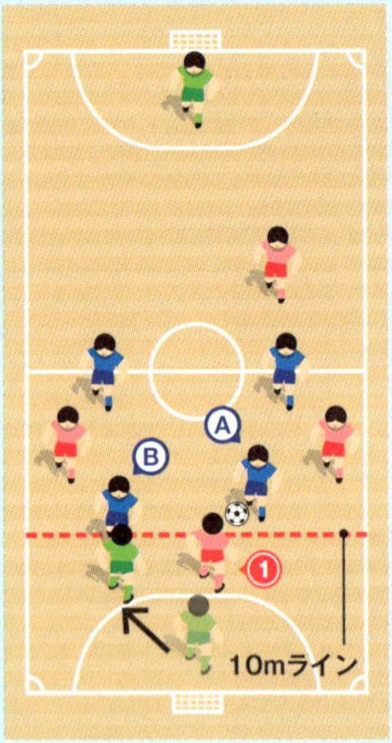

これ知《し》ってる？ 大声《おおごえ》で指示《しじ》を出《だ》す

ゴレイロは、味方《みかた》❶に声《こえ》で指示《しじ》を出《だ》します。10メートルよりも遠《とお》い位置《いち》にボールがあるときは、❶に対《たい》して「ゾーン、ゾーン」と大声《おおごえ》で指示《しじ》を出《だ》します。❶は一発《いっぱつ》で飛《と》びこまず、パスコースを切《き》りながら10メートル付近《ふきん》まで下《さ》がり、時間《じかん》を稼《かせ》ぎます。10メートルに差《さ》しかかるところでは「ボール、ボール」と❶に指示《しじ》を出《だ》し、ボールを持《も》っているⒶに寄《よ》せさせてシュートを打《う》たせないようにします。Ⓑはゴレイロが対《たい》応《おう》します。

問題《もんだい》
46
中級《ちゅうきゅう》

ゴレイロは敵陣《てきじん》に入《はい》って攻撃参加《こうげきさんか》していいの？

試合残《しあいのこ》り時間《じかん》が少《すく》なくなり、
リードされているチームのゴレイロが
攻撃参加《こうげきさんか》するために敵陣《てきじん》に
入《はい》っていきました。
これはいいのでしょうか？

答《こた》えがわかったらページをめくってね

46の答《こた》え

入《はい》ってもいい

これ知《し》ってる？ パワープレーでは攻撃参加《こうげきさんか》する

パワープレーとは、ゴレイロも攻《こう》撃《げき》に参加《さんか》して数的有利《すうてきゆうり》の状態《じょうたい》でボール回《まわ》しをして攻《せ》める戦術《せんじゅつ》です。どうしても得点《とくてん》がほしい場面《ばめん》で用《もち》いる作《さく》戦《せん》です。ゴレイロがそのまま参加《さんか》することもありますが、より足元《あしもと》の技《ぎ》術《じゅつ》が高《たか》いフィールドプレーヤーと交《こう》代《たい》して行《おこな》うこともあります。その際《さい》、ゴレイロと代《か》わりに入《はい》る選手《せんしゅ》はゴレイロのユニフォームを着用《ちょくよう》します。パワープレーは得点《とくてん》のチャンスが上《あ》がる一方《いっぽう》で、ゴールを空《あ》けて攻撃《こうげき》するため、ボールを奪《うば》われると即失点《そくしってん》の大《だい》ピンチとなるリスクの高《たか》い戦《せん》術《じゅつ》です。

これ知《し》ってる？ FKの壁《かべ》

ここでは、直接《ちょくせつ》フリーキックの基本的《きほんてき》な壁《かべ》の作《つく》りかたと守《まも》りかたを紹介《しょうかい》します。壁《かべ》はボールから5メートルの位置《いち》に作《つく》ることができます。

▶直接《ちょくせつ》フリーキック

反則《はんそく》が起《お》こった場所《ばしょ》から行《おこな》うフリーキック。直接《ちょくせつ》ゴールに入《はい》った場合《ばしょ》は得点《とくてん》が認《みと》められる

壁《かべ》2枚《まい》 ゴール正面《しょうめん》または10m以下《いか》

壁《かべ》3枚《まい》 ゴールサイド45度以下《どいか》または10m以上《いじょう》

壁《かべ》が3枚《まい》でも2枚《まい》でも、基本《きほん》は近《ちか》いゴールポスト側《がわ》から壁《かべ》を作《つく》ります。そしてゴールポスト側《がわ》の選手《せんしゅ》がゴールポストまで下《さ》がります。残《のこ》った壁《かべ》の選手《せんしゅ》は、相手《あいて》の強《つよ》いシュートに対《たい》して足《あし》を上《あ》げたり体《からだ》をひねってしまうと、せっかく作《つく》った壁《かべ》の間《あいだ》をシュートが抜《ぬ》けてしまい失点《しってん》をしてしまう可能性《かのうせい》が高《たか》くなります。壁《かべ》に入《はい》った選手《せんしゅ》は決《けっ》して動《うご》かないように心《こころ》がけましょう。壁《かべ》に入《はい》らなかった選手《せんしゅ》は、1人《ひとり》の場合《ばあい》は、ボールだけを見《み》ず、中《なか》のコースを警戒《けいかい》しながら、パスが出《で》たら勢《いきお》いよくその選手《せんしゅ》にプレッシャーをかけてシュートを防《ふせ》ぎにいきます。ゴレイロは、内側《うちがわ》の壁《かべ》と重《かさ》ならないようにポジションをとります。

第《だい》7章《しょう》

ゲームをやってみよう

〈連携《れんけい》プレー〉

鈴木隆二《すずきりゅうじ》のステップアップアドバイス
なんでも言《い》い合《あ》える、信頼《しんらい》できるファミリーになろう！

意見《いけん》をぶつけ合《あ》い仲間《なかま》を理解《りかい》すること

フットサルは集団競技《しゅうだんきょうぎ》です。一人《ひとり》ひとりを輝《かがや》かせて、どんなグループを作《つく》り上《あ》げるかが大切《たいせつ》です。

一人《ひとり》ひとりがのびのびとプレーするためには、仲間《なかま》は何《なに》が得意《とくい》で、何《なに》が苦手《にがて》なのか、お互《たが》いに知《し》っていることが大切《たいせつ》です。それはお互《たが》いに、思《おも》ったことを、気兼《きが》ねなく言《い》い表《あらわ》すことから始《はじ》まります。

お互《たが》いに自分《じぶん》のプレーや気持《きも》ち、意見《いけん》をぶつけ合《あ》いながら、ときには言《い》い合《あ》いをして、仲間《なかま》を理解《りかい》していきます。そうすれば仲間《なかま》として、お互《たが》いにどのように組《く》めばいいかが見《み》えてきます。練習《れんしゅう》や試合《しあい》を通《とお》して、だんだん「信頼《しんらい》し合《あ》えるファミリー」になりましょう。そんなファミリーはとても強《つよ》いです！

問題《もんだい》 47

初級《しょきゅう》

プレーエリアの危険度《きけんど》は？

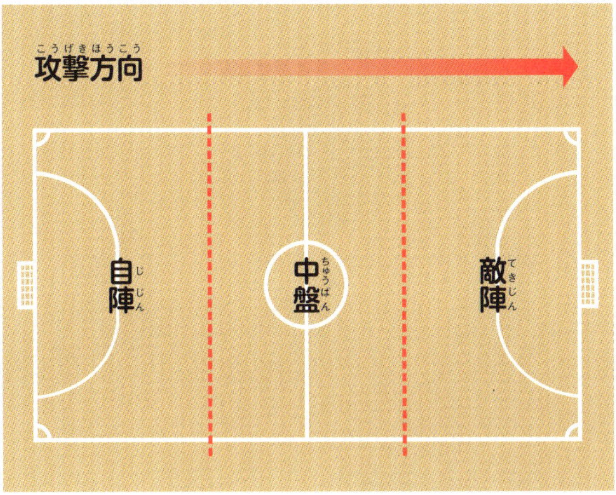

1 青《あお》・黄《き》・赤《あか》

2 黄《き》・赤《あか》・青《あお》

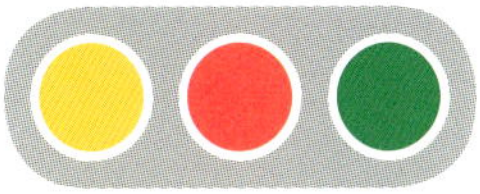

3 赤《あか》・黄《き》・青《あお》

ヒント
hint

青信号《あおしんごう》は失敗《しっぱい》を恐《おそ》れずに積極的《せっきょくてき》にプレー。黄色信号《きいろしんごう》はボールを取《と》られないように注意《ちゅうい》しながらプレー。赤信号《あかしんごう》は危険《きけん》なエリアです。絶対《ぜったい》にボールを取《と》られてはいけません。

47の答《こた》え

▼ 3

赤《あか》・黄《き》・青《あお》

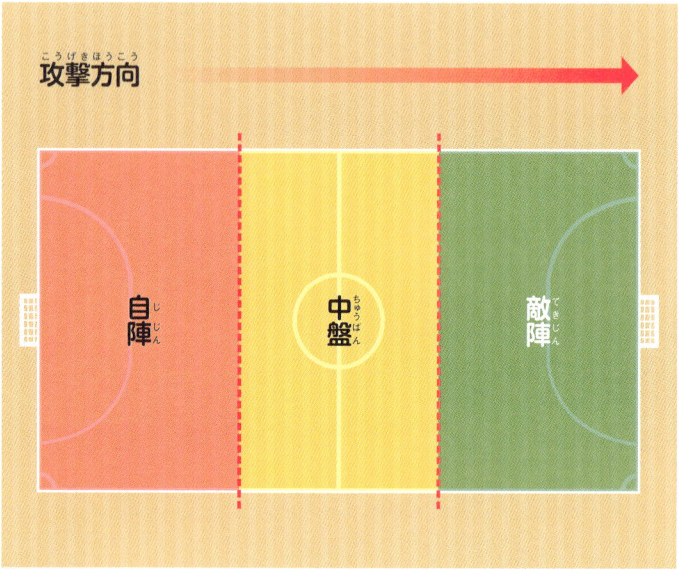

なんで

状況判断《じょうきょうはんだん》が大事《だいじ》

　プレーエリアによって基本《きほん》となる状況《じょうきょう》が異《こと》なることを知《し》っておくことは大事《だいじ》です。自陣《じじん》エリアは赤信号《あかしんごう》で危険《きけん》なエリアです。プレーはセーフティなもの（絶対安全《ぜったいあんぜん》なもの、絶対相手《ぜったいあいて》にボールを取《と》られないプレー）を選《えら》びましょう。中盤《ちゅうばん》は黄色信号《きいろしんごう》で注意《ちゅうい》してプレーしなければならないエリアです。ボールを失《うしな》わないよう注意《ちゅうい》が必要《ひつよう》です。そして敵陣《てきじん》は青信《あおしん》号《ごう》で積極的《せっきょくてき》にゴールをねらうことができるエリアです。サイドでどんどん１対《たい》１をしかけて、シュートを打《う》っていきましょう。どこでどういう判断《はんだん》をするべきか頭《あたま》に入《い》れながらプレーしましょう。

初級《しょきゅう》

問題《もんだい》48

味方《みかた》ボールになったとき、味方選手《みかたせんしゅ》のポジションとしてよりよいのは？

オフェンス

ディフェンス

ゴレイロ

1 広《ひろ》がる

2 近《ちか》づく（団子状《だんごじょう》）

答《こた》えがわかったらページをめくってね

48の答《こた》え ▼ 1 広《ひろ》がる

OK!

幅《はば》も深《ふか》さもある

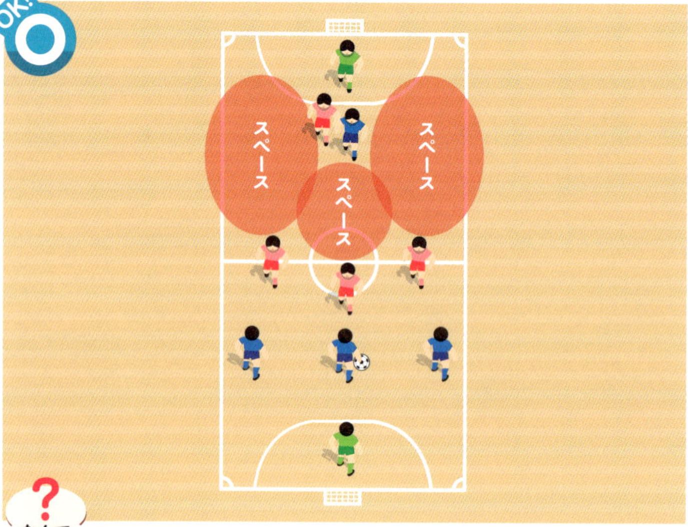

なんで

幅《はば》も深《ふか》さもあってバランスがいいから

攻撃《こうげき》するときは1のようにピッチを広《ひろ》く使《つか》います。また相手《あいて》ディフェンダーも味方《みかた》の広《ひろ》がりに合《あ》わせて広《ひろ》がるので、スペースができます。そのスペースを使《つか》って攻撃《こうげき》しやすくなります。

NG!

幅《はば》も深《ふか》さもない

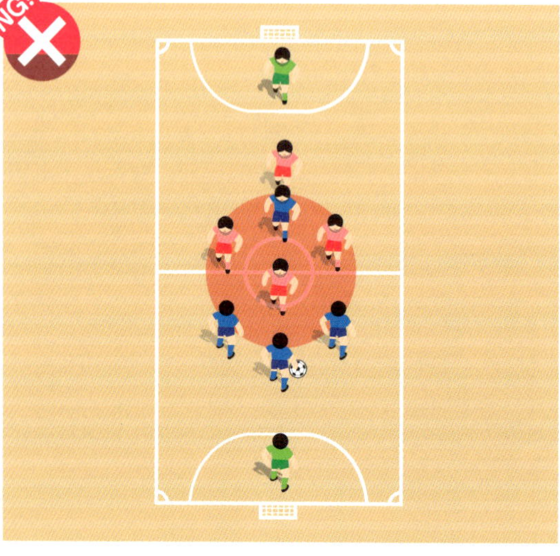

◀味方選手全員《みかたせんしゅぜんいん》の距離《きょり》が近《ちか》くなると、相手《あいて》ディフェンダーも全員近《ぜんいんちか》くなる。そのためパスを出《だ》しても、相手《あいて》に寄《よ》せられやすくカットもされやすくなってしまう。スペースがなく攻撃《こうげき》を組《く》み立《た》てるのがむずかしくなるので、2のように近《ちか》づくのはNGだ

これ知《し》ってる?

代表的《だいひょうてき》なシステムは3つ

フットサルの代表的《だいひょうてき》なシステムは3つあります。

- 3－1というピヴォを前線《ぜんせん》に配置《はいち》するシステム
- 4－0というアーチを描《えが》くように4人《にん》を配置《はいち》するシステム
- 2－2という、前《まえ》に2人《ふたり》、後《うし》ろに2人《ふたり》をバランスよく配置《はいち》するシステム

★3－1

利点《りてん》＝幅《はば》と深《ふか》さがありパスコースを多《おお》く作《つく》れる

選手《せんしゅ》の初期配置《しょきはいち》から幅《はば》と深《ふか》さがあるのが特徴《とくちょう》です。ピヴォという前《まえ》のターゲットになる選手《せんしゅ》にパスを出《だ》して、ほかの選手《せんしゅ》が走《はし》りこんでフィニッシュをねらいます。また、ピヴォがいないサイドをフィクソとアラの連携《れんけい》プレーで攻《せ》めます。各《かく》ポジションの選手《せんしゅ》の距離間《きょりかん》が適度《てきど》にあり、前《まえ》と横《よこ》に味方《みかた》がいることから、育成年代《いくせいねんだい》のフットサル入門《にゅうもん》から世界《せかい》のトップレベルまで用《もち》いられるシステムです。特《とく》にピヴォというポジションはほかのポジションの選手《せんしゅ》とは違《ちが》い、ゴールに背《せ》を向《む》けた状態《じょうたい》でパスを受《う》け、自《みずか》らターンしてシュートしたり、走《はし》りこんでくる味方《みかた》にパスを落《お》としてシュートを打《う》たせたりするなど、特殊能力《とくしゅのうりょく》が要求《ようきゅう》されます。

これ知《し》ってる？

代表的《だいひょうてき》なシステムは3つ

★4－0

利点《りてん》＝選手《せんしゅ》の距離《きょり》が近《ちか》くポゼッションしやすい

弱点《じゃくてん》＝初期配置《しょきはいち》に深《ふか》さがない

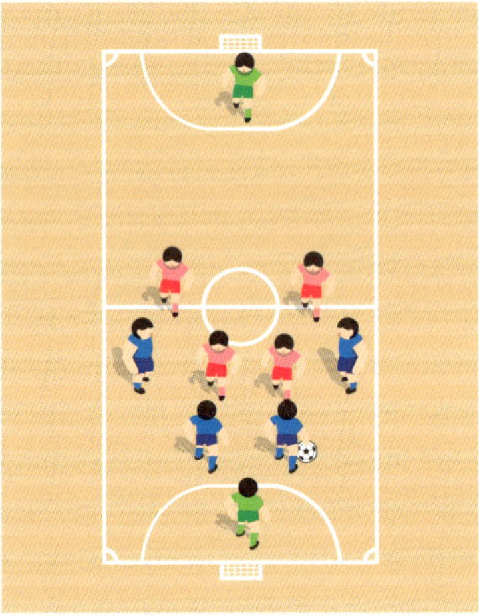

選手《せんしゅ》の初期配置《しょきはいち》に幅《はば》があり、選手間《せんしゅかん》の距離《きょり》が近《ちか》いためパスコースを多《おお》く作《つく》ることができます。ボール保持《ほじ》（ポゼッション、自分《じぶん》たちでボールを回《まわ》しあうこと）に優《すぐ》れ、ゲームリズムのコントロール（自分《じぶん》たちのリズムでゲームを支配《しはい》する）に長《た》けたシステムです。しかし、選手《せんしゅ》の初期配置《しょきはいち》には深《ふか》さ（ピヴォのように前線《ぜんせん》でターゲットとなる選手《せんしゅ》）がないため、だれかが深《ふか》い位置《いち》に侵入《しんにゅう》してパスを味方《みかた》から引《ひ》き出《だ》す必要《ひつよう》があります。すべての選手《せんしゅ》に継続《けいぞく》したフリーランニングとフリーなスペースを見《み》つける能力《のうりょく》が求《もと》められるため、入門《にゅうもん》したばかりの段階《だんかい》で用《もち》いられることはほとんどありません。

★2－2

利点《りてん》＝幅《はば》と深《ふか》さがあってバランスがいい

弱点《じゃくてん》＝選手間《せんしゅかん》の距離《きょり》が遠《とお》く、個人《こじん》の能力《のうりょく》が必要《ひつよう》

選手《せんしゅ》の初期配置《しょきはいち》が前《まえ》に2人《ふたり》、後《うし》ろに2人《ふたり》となるため、ピッチの幅《はば》と深《ふか》さをバランスよく埋《う》めることができます。育成年代《いくせいねんだい》の導入《どうにゅう》に用《もち》いられていたシステムですが、ほかのシステムと比較《ひかく》すると、選手一人《せんしゅひとり》ひとりの距離《きょり》は遠《とお》いため、後方《こうほう》でのプレーには、技術的《ぎじゅつてき》に優《すぐ》れた１対《たい》１でボールを取《と》られない選手《せんしゅ》が必《ひつ》要《よう》となります。また、ボールを失《うしな》うとほかの選手《せんしゅ》のカバーリングが間《ま》にあわずゴレイロと１対《たい》1になることが多《おお》いため、リスクも高《たか》いシステムです。そのため、現在《げんざい》の育成年代《いくせいねんだい》やトップレベルでは顕著《けんちょ》にこのシステムを採用《さいよう》しているチームはあまり見《み》かけません。過去《かこ》には圧倒的《あっとうてき》な技術《ぎじゅつ》を持《も》った世界的《せかいてき》なプレーヤーを有《ゆう》したあるチームが、このシステムを採《さい》用《よう》し大《おお》きな成果《せいか》を残《のこ》したことがあります。

← 人の動《うご》き　オフェンス　ディフェンス　ゴレイロ

問題《もんだい》

49

中級《ちゅうきゅう》

味方《みかた》のゴレイロが相手《あいて》のシュートをキャッチしました。一気《いっき》にボールをゴール前《まえ》（敵陣《てきじん》）に運《はこ》び、シュートを打《う》つためには、次《つぎ》のどれがよいでしょう。

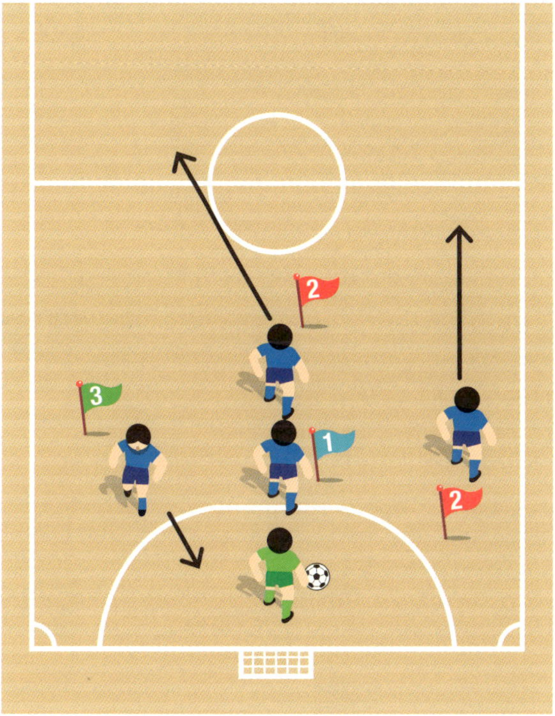

1 その場《ば》で待《ま》つ

2 スペースに走《はし》る

3 ゴレイロに近《ちか》づく

\ヒント/

hint

マイボールになって自分《じぶん》たちの攻撃《こうげき》です。一気《いっき》に攻《せ》めるためにはどうしたらいいでしょうか？

答《こた》えがわかったらページをめくってね

49の答《こた》え

全部《ぜんぶ》

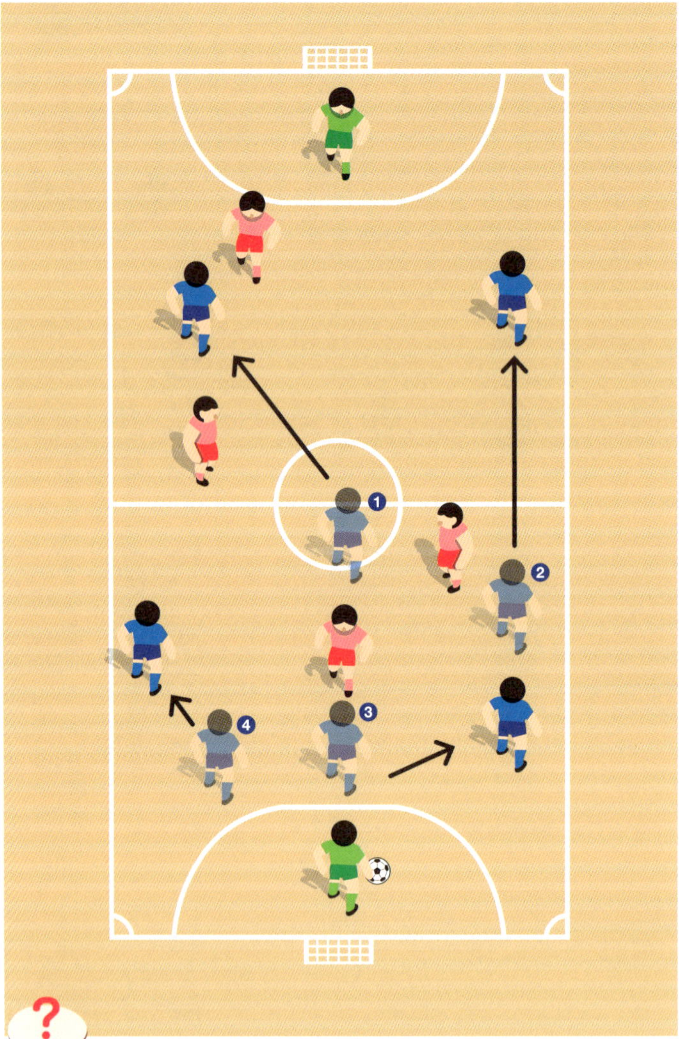

カウンターをしかけるため

カウンターとは相手《あいて》の守《まも》りが整《ととの》う前《まえ》に、素早《すばや》くボールを敵陣《てきじん》に運《はこ》びシュートをねらう戦術《せんじゅつ》です。相手《あいて》の守《まも》りが整《ととの》っておらず、数的優位《すうてきゆうい》な状況《じょうきょう》が多《おお》くあり、得点率《とくてんりつ》が高《たか》くなります。マイボールになった瞬間《しゅんかん》に、❶番目《ばんめ》と❷番目《ばんめ》に高《たか》い位置《いち》にいる選手２人《せんしゅふたり》が敵陣《てきじん》の両《りょう》サイドのどちらかのスペースに走《はし》りこみます。続《つづ》いて❸人目《にんめ》と❹人目《にんめ》はサイドに広《ひろ》がり GK から足元《あしもと》でパスが受《う》けられるようにします。

← 人の動《うご》き　オフェンス　ディフェンス　ゴレイロ

問題《もんだい》 50 中級《ちゅうきゅう》

オフサイドがないからできることは？

フットサルにはオフサイドの
ルールがありません。
そのため一番後《いちばんうし》ろにいる
相手《あいて》ディフェンダーの背後《はいご》の○○○前で、
ボールを□□ことができます。
○○○と□□に入《はい》る言葉《ことば》は
なんでしょう？

▶オフサイド

サッカーのルール。サッカーでは、一番後《いちばんうし》ろにいる相手《あいて》ディフェンダーよりゴール近《ちか》くで待《ま》っていて、ボールをもらうことは反則《はんそく》になる

答《こた》えがわかったらページをめくってね

50の答《こた》え ▼ ゴール前《まえ》で、ボールを待《ま》つことができます。

フットサル

サッカー

なんで?

反則《はんそく》にならないから

フットサルにはオフサイドがないので、一番後《いちばんうし》ろにいる相手《あいて》ディフェンダーよりもゴールの近《ちか》くで待《ま》っていても反則《はんそく》になりません。

▶セカンドポスト

ボールのある側《がわ》と反対側《はんたいがわ》のゴールポスト。ボールから遠《とお》いほうのゴールポスト（ファーポスト）のこと

PO!NT

君《きみ》もねらってみよう！ トップレベルでもやっているファー詰《づ》め

味方《みかた》がシュートをねらってサイドから突破《とっぱ》をし始《はじ》めたら、セカンドポストに走《はし》りこみましょう。GK や DF がボールとパスの受《う》け手《て》を同一視野《どういつしや》に入《い》れることができないため守《まも》りにくく、トップレベルでも非常《ひじょう》に有効《ゆうこう》な戦術《せんじゅつ》です。味方《みかた》からゴール前《まえ》で待《ま》っているところにパスがきたら、ゴールを決《き》めるチャンスです。

←-- パス　オフェンス　ディフェンス　ゴレイロ

問題《もんだい》 51 上級《じょうきゅう》

アラのポジションでよりよいのは？

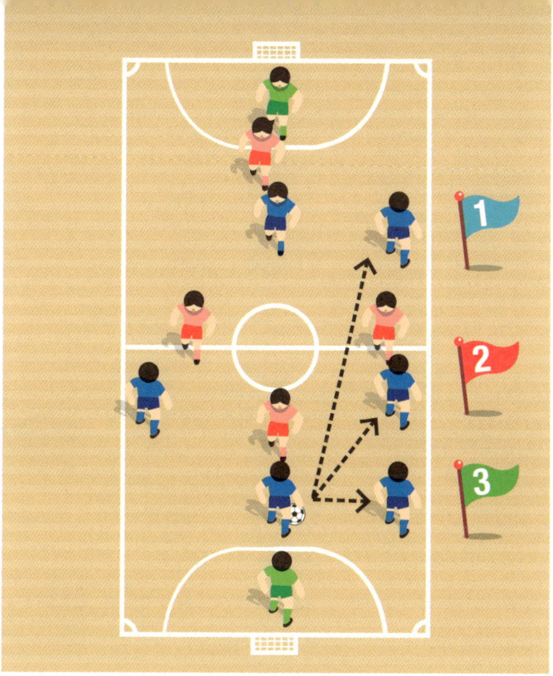

相手《あいて》が素早《すばや》く自陣《じじん》に戻《もど》っていて、カウンターができない場合《ばあい》、味方同士《みかたどうし》でパスをつなぎ、ボールを前《まえ》に運《はこ》びます。ゴレイロがフィクソにパスを出《だ》しました。これから味方《みかた》が連携《れんけい》して、パスでボールのラインを上《あ》げていきます。フィクソがボールを持《も》ったとき、アラのポジションでよりよいのはどこでしょう？　図《ず》を見《み》て答《こた》えましょう。

1 相手《あいて》のＤＦよりも敵陣深《てきじんぶか》く

2 相手《あいて》のＤＦよりも少《すこ》し前《まえ》

3 フラットの位置《いち》

＼ヒント／
hint

このエリアは自陣《じじん》です。自陣《じじん》エリアは赤信号《あかしんごう》で危険《きけん》なエリアです。プレーはセーフティなもの（絶対安全《ぜったいあんぜん》なもの、絶《ぜっ》対相手《たいあいて》にボールを取《と》られないプレー）を選《えら》びます。相手《あいて》ＤＦとの位《い》置《ち》をよく考《かんが》えましょう。

51の答《こた》え

▼ 3

フラットの位置《いち》

OK!

なんで

ピヴォへのパスコースが広《ひろ》がる

3のフラットの位置《いち》まで下《お》りてくれば、前《まえ》を向《む》いてセーフティにパスを受《う》けやすいです。またDFがついてくればそのぶん、ピヴォへのパスコースが空《あ》き、縦《たて》パスも入《い》れやすくなります。

NG!

1 ではパスコースがなくなる

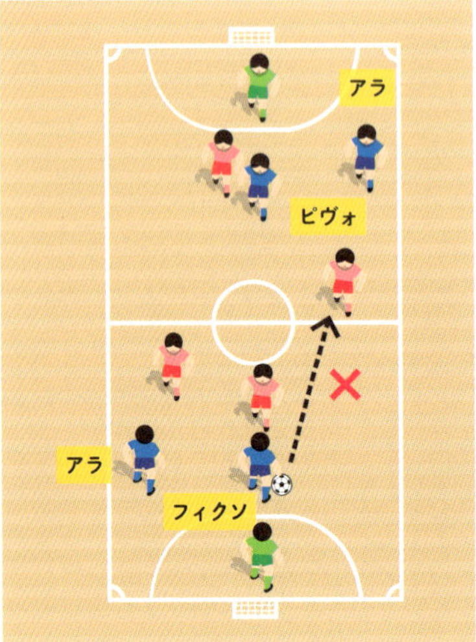

◀ピヴォへのパスコースがせまくなる

NG!

2 ではパスコースが限定《げんてい》される

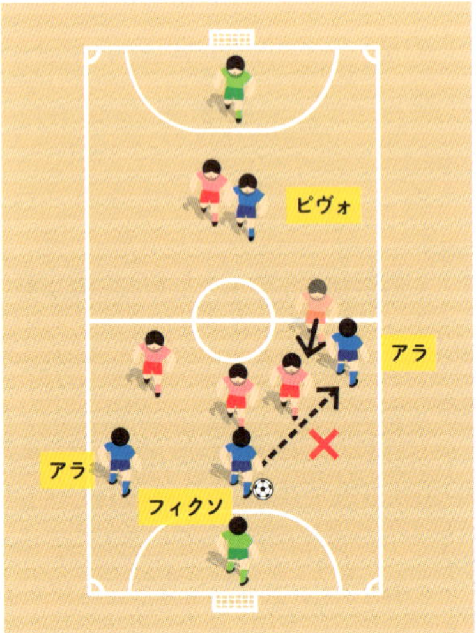

◀パスを受《う》けたときに相手《あいて》に寄《よ》せられやすい

← 人の動《うご》き　←-- パス　オフェンス　ディフェンス　ゴレイロ

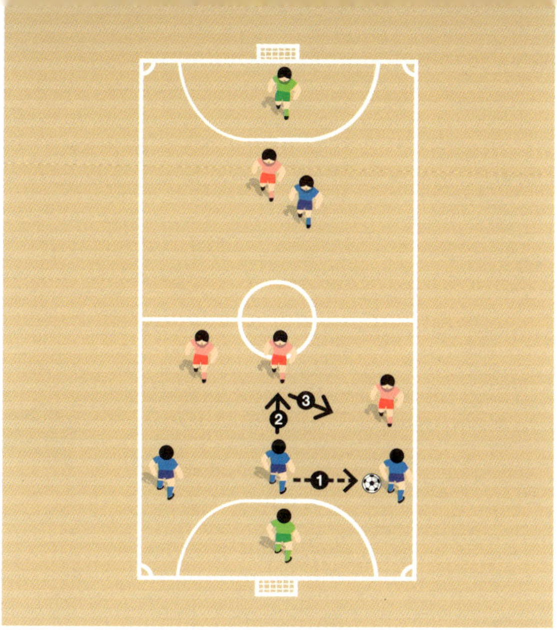

問題《もんだい》52 上級《じょうきゅう》

フィクソがねらう連携《れんけい》プレーは？

ボールラインを上《あ》げるために、フィクソがアラにパスを出《だ》しました❶。そしてフィクソはボールを受《う》けるため、フェイクをかけ❷、相手《あいて》との距離《きょり》を作《つく》ります❸。このパスを出《だ》したフィクソがねらう連携《れんけい》プレーは次《つぎ》のうちどれでしょう？　答《こた》えは一《ひと》つではありません。

1. ピヴォ当《あ》て
2. フィクソとアラのワンツー
3. アラとパラレラ

▶ピヴォ当《あ》て
攻撃《こうげき》の起点《きてん》となるピヴォにボールを当《あ》てる（パスする）戦術《せんじゅつ》

▶ワンツー
攻撃側《こうげきがわ》の2人《ふたり》のパス交換《こうかん》によって突破《とっぱ》していく戦術《せんじゅつ》。1人《ひとり》がパスを出《だ》し、受《う》けた選手《せんしゅ》がダイレクトで前《まえ》に走《はし》るパスを出《だ》した選手《せんしゅ》にリターンパスをする

▶パラレラ
サイドの味方《みかた》にパスを出《だ》したあと、方向《ほうこう》とスピードを変《か》えて動《うご》きだし、サイドラインと平行《へいこう》にパスを受《う》ける戦術《せんじゅつ》。パラレラとはスペイン語《ご》で「平行《へいこう》」の意味《いみ》

答《こた》えがわかったらページをめくってね

52の答《こた》え

▼

1

2

3

全部《ぜんぶ》

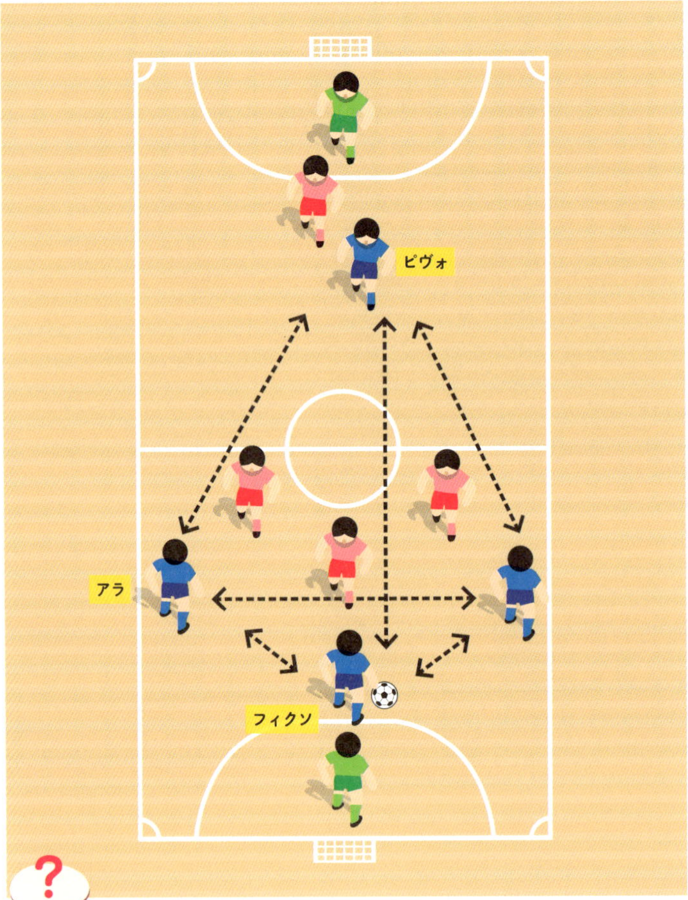

なんで

連携《れんけい》プレーでラインを上《あ》げる
ボールを前《まえ》に運《はこ》ぶ

フットサルのシステム（3-1のポジショニング）から、だれと連携《れんけい》してボールのラインを上《あ》げるかをおぼえましょう。入門《にゅうもん》は横《よこ》の連携《れんけい》プレーと縦《たて》の連携《れんけい》プレーの二《ふた》つの連携《れんけい》があります。だれと連携《れんけい》プレーをするのか明確《めいかく》にしましょう。

▶横《よこ》の連携《れんけい》プレー

フィクソとアラの連携《れんけい》プレーのこと

▶縦《たて》の連携《れんけい》プレー

アラとピヴォの連携《れんけい》プレーのこと

← 人の動《うご》き　←-- パス　オフェンス　ディフェンス　ゴレイロ

これ知《し》ってる？ 連携《れんけい》プレーを覚《おぼ》えよう

1 ピヴォ当《あ》て

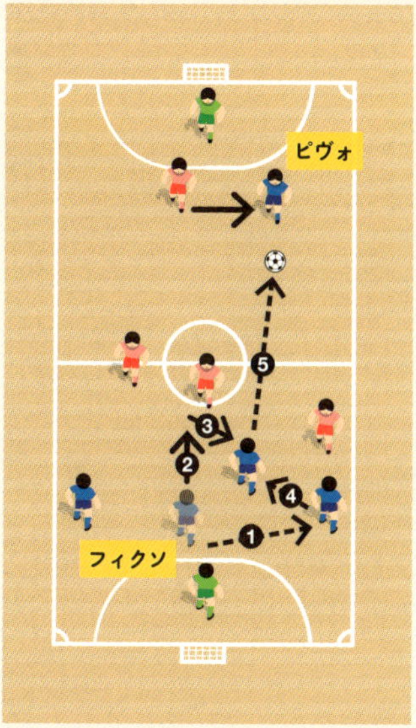

ピヴォが同《どう》サイドにいたらピヴォ当《あ》てができます。フィクソがアラにパスを出《だ》したあと❶、一度《いちど》縦《たて》にフェイクを入《い》れてから❷アラのほうに寄《よ》っていきます❸。アラからリターンパスを受《う》けたとき❹、ピヴォが同《どう》サイドにいたらピヴォ当《あ》てができます❺。

PO!NT

ダイレクトを有効《ゆうこう》に使《つか》う

フィクソはアラからのリターンパスをダイレクトでピヴォ当《あ》てをねらおう。パスを迎《むか》えにいくことで自分《じぶん》の相手《あいて》と少《すこ》し距離《きょり》を作《つく》ることができ、ダイレクトでピヴォにパスをすることで相手《あいて》にインターセプトされにくくすることができます。

2 フィクソとアラのワンツー「横《よこ》の連携《れんけい》プレー」

フィクソがアラにパスを出《だ》したあと❶、一度《いちど》縦《たて》にフェイクを入《い》れてから❷アラのほうに寄《よ》っていきます❸。アラからリターンパスを受《う》けたとき❹、ピヴォが真《ま》ん中《なか》か反対側《はんたいがわ》にいたらフィクソとアラでワンツーができます❺。

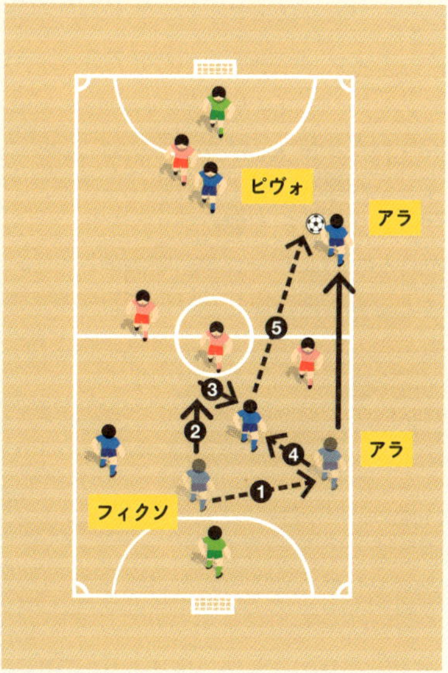

PO!NT

背後《はいご》のスペースに走《はし》る

アラの選手《せんしゅ》はフィクソにリターンパスを出《だ》したあと、フィクソを信《しん》じて背後《はいご》のスペースに走《はし》りこみましょう。ワンツーもダイレクトが一番効果的《いちばんこうかてき》ですが、ツータッチでも十分成功《じゅうぶんせいこう》させることができます。

3 フィクソとアラでパラレラ

ピヴォが真《ま》ん中《なか》か反対側《はんたいがわ》にいたら、フィクソとアラでパラレラができます。フィクソがアラにパスを出《だ》したあと❶、一度縦《いちどたて》にフェイクを入《い》れてから❷、フィクソが方向を変え縦《たて》に走り❸アラからパスを受ける❹。ピヴォが真《ま》ん中《なか》か反《はん》対側《たいがわ》にいたらフィクソとアラでパラレラができます。

POINT

アラの正面《しょうめん》のスペースを使《つか》う

フィクソの選手《せんしゅ》は一度縦《いちどたて》にフェイクをしたあと、スピードと角度《かくど》に変化《へんか》をつけてアラの正面《しょうめん》にあるスペースに走《はし》りこみましょう。アラの選手《せんしゅ》は、走《はし》っているフィクソにパスを出《だ》すのではなく、タッチラインに沿《そ》ってまっすぐ縦《たて》にパスを出《だ》します。そのとき、少《すこ》し浮《う》かせるとインターセプトされにくくなります。

4 アラとピヴォの連携《れんけい》プレー「縦《たて》の連携《れんけい》プレー」

フィクソからパスを受《う》けたアラが、フィクソにリターンパスを出《だ》さず、自《みずか》らピヴォにパスを出《だ》したときのアラとピヴォの連携《れんけい》プレーを「縦《たて》の連携《れんけい》プレー」と呼《よ》びます。パスを受《う》けたアラ❶がフィクソにリターンパスを入《い》れず、真《ま》ん中《なか》、または縦《たて》にポジションをとったピヴォにパスを出《だ》して❷走《はし》り❸、ワンツー❹。

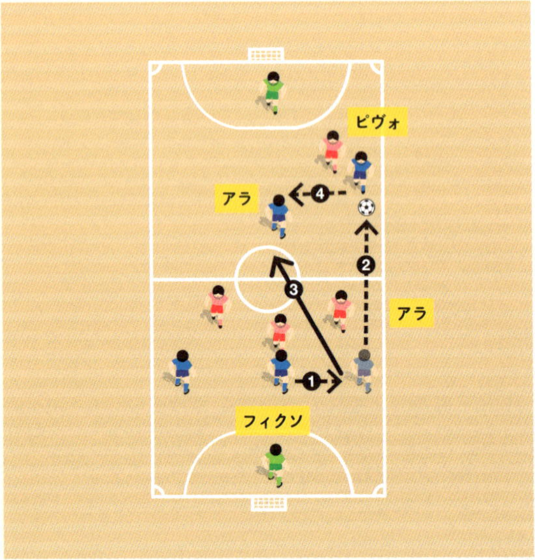

問題《もんだい》53 上級《じょうきゅう》

ピヴォにパスを入《い》れたあとの味方《みかた》の動《うご》きとしてよりよいのは？

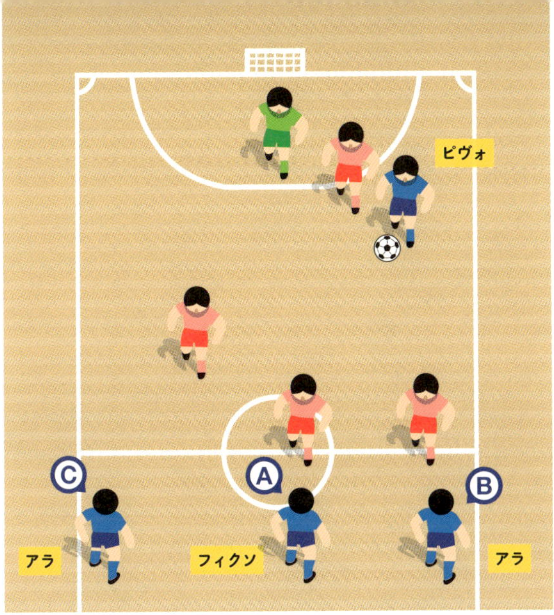

フィクソⒶとアラⒷが横《よこ》の連携《れんけい》プレーでピヴォにパスを入《い》れました。このとき、フィクソⒶとアラⒷⒸの動《うご》きとしてよりよいのは？

1. シュートを打《う》ちに走《はし》りこむ
2. セカンドポストに走《はし》りこむ
3. 後方《こうほう》の中央《ちゅうおう》でバランスをとる

\ヒント/
hint

ピヴォにボールが入《はい》ったら、次《つぎ》にねらうのはシュートです。このエリアは敵陣《てきじん》だから積極的《せっきょくてき》にゴールをねらうことができるエリアです。ピヴォからパスを受《う》けたら積極的《せっきょくてき》に1対《たい》1をしかけて、シュートを打《う》っていきましょう。

53の答《こた》え

▼

全部《ぜんぶ》

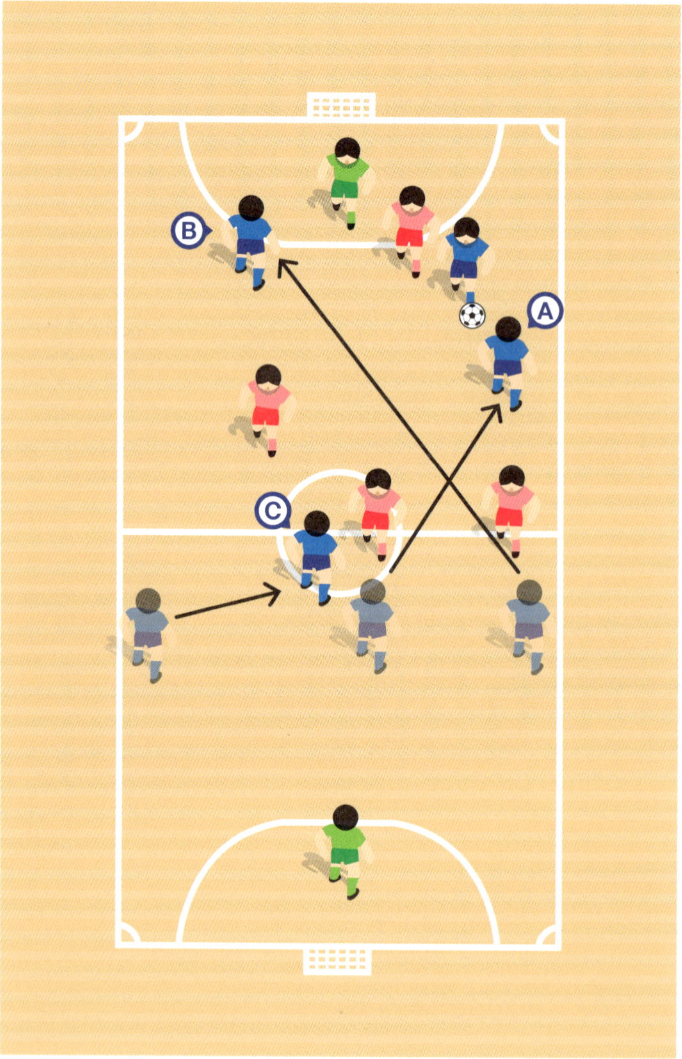

なんで

積極的《せっきょくてき》にかかわっていく

ピヴォにボールが入《はい》ったら2人《ふたり》は積極的《せっきょくてき》にかかわっていきます。一人《ひとり》はシュートを打《う》ちに走《はし》りこみⒶ、もう一人《ひとり》はセカンドポストに走《はし》りこみますⒷ。そして最後《さいご》の一人《ひとり》は後方《こうほう》に残《のこ》ってバランスをとるようにしますⒸ。

トライ! コーナーキック

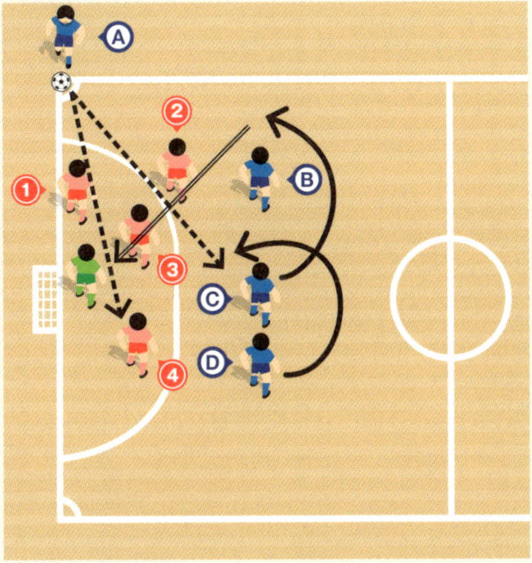

①Ⓑ：セカンドポストへ侵入《しんにゅう》

②Ⓒ：ボールサイドからシュート

③Ⓓ：DF ❶と DF ❷の間《あいだ》でシュート

動《うご》き出《だ》し：ⒷとⒸが同時《どうじ》に動《うご》き出《だ》し、Ⓓは DF ❷が開《ひら》いた瞬間《しゅんかん》に中央《ちゅうおう》に侵入《しんにゅう》する

▶セットプレーは大《おお》きなチャンス

トライ! キックイン

①Ⓑ：シュート（最初《さいしょ》の1～2本《ほん》はシュートを打《う》つ）。その後《ご》、セカンドポストへシュート性《せい》のパス

②Ⓒ：DF ❷の位置《いち》を見《み》てパスコースに入り、軽《かる》くフェイクをかけてフィニッシュ

③Ⓓ：セカンドポストに大《おお》きくフェイクをかけて、ペナルティーエリア内《ない》のスペースを作《つく》りシュート性《せい》のパスを受《う》けてフィニッシュ、またはこぼれ球《だま》をねらう（セカンドアクション）

動《うご》き出《だ》し：Ⓑがボールに寄《よ》り始《はじ》めたら、Ⓓはセカンドポストへ大《おお》きくフェイクをかける

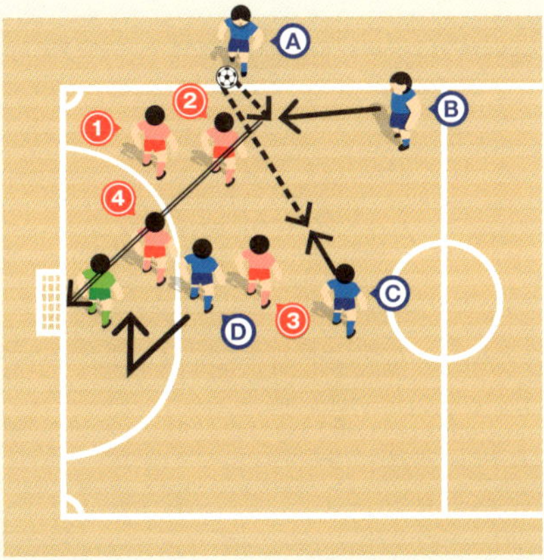

POINT

チャンスを逃《のが》さない

キックインもコーナーキックも相手《あいて》がきちんとポジションについておらず、味方《みかた》がフリーだったら、素早《すばや》く開始《かいし》してチャンスを逃《のが》さないようにしましょう。

フットサル用《よう》語《ご》集《しゅう》（さくいん）

ア

アウト・オブ・プレー …… 18・20
地上《ちじょう》、空中《くうちゅう》問《と》わず、ボールがゴールラインまたはタッチラインを完全《かんぜん》に越《こ》えたとき

アウトサイドキック …… 31・35・38・59
キックの種類《しゅるい》で、足《あし》の外側《そとがわ》を使《つか》ってボールを蹴《け》ること

アウトサイドトラップ …… 40
足《あし》の外側《そとがわ》を使《つか》ってボールを止《と》めること

アラ …… 10・11・51・52・118・125・131～137
翼《つばさ》という意味《いみ》で、ドリブル、シュート、パスと多《おお》くの仕事《しごと》をこなす、運動量《うんどうりょう》の多《おお》いポジション

インサイドキック …… 31～35・37・38・59・60
キックの種類《しゅるい》で、足《あし》の内側《うちがわ》でボールを蹴《け》ること。正確性《せいかくせい》が高《たか》い

インサイドトラップ …… 40・43
足《あし》の内側《うちがわ》を使《つか》ってボールを止《と》めること

インステップキック …… 31・35～37・59・60
キックの種類《しゅるい》で、足《あし》の甲《こう》でボールの中心《ちゅうしん》を蹴《け》ること

インターセプト …… 38・98・135・136
相手《あいて》のパスをカットすること

インパクト …… 36・58
キックする瞬間《しゅんかん》のこと。ボールの中心《ちゅうしん》に当《あ》てること

インプレー …… 18・20
試合時間内《しあいじかんない》でボールがプレーされている状態《じょうたい》のこと

カ

カウンター …… 79・80・94・98・100・128・131
相手《あいて》の守備《しゅび》が整《ととの》わないうちに早《はや》く攻《せ》める戦術《せんじゅつ》

カバーリング …… 90～92・95・96・98・106・126
抜《ぬ》かれた味方《みかた》や空《あ》いているエリアをカバーすること

間接《かんせつ》フリーキック …… 22・110・112
相手《あいて》ゴールに入《はい》る前《まえ》にほかの選手《せんしゅ》がボールに触《ふ》れた場合《ばあい》に限《かぎ》り得点《とくてん》になるフリーキック

キックイン …… 20～24・139
サッカーのスローインと同《おな》じく、ボールがタッチラインから出《で》たときの試合再開方法《しあいさいかいほうほう》で、ボールを蹴《け》って再開《さいかい》する

グラウンダー …… 56・105
低《ひく》い弾道《だんどう》のボール

コーナーキック …… 20・22・139
守備側《しゅびがわ》の選手《せんしゅ》が最後《さいご》に触《さわ》ってゴールラインからボールが出《で》たときの試合再開方法《しあいさいかいほうほう》

ゴールクリアランス …… 106・108～110・112
攻撃側《こうげきがわ》の選手《せんしゅ》が最後《さいご》に触《さわ》ってボールがゴールラインを出《で》たときの再開方法《さいかいほうほう》。サッカーではゴールキックとなるが、フットサルはゴレイロが投《な》げる

ゴレイロ …… 10・11・18・55～58・61・62・79・80・

90・98・102・103・106・108〜110・112〜118・125〜127・131
サッカーで言《い》うゴールキーパー。唯一《ゆいいつ》手《て》を使《つか》うことができて、自軍《じぐん》ゴールを守《まも》るポジション

サ

自陣《じじん》……………79・80・82・90・116・122・131
センターラインをはさんで自分《じぶん》たちのエリアのこと

スペース……………48・51・66・124・127・135・136・139
人《ひと》がいない空間《くうかん》のこと

セカンドポスト……………130・137〜139
ボールのある側《がわ》と反対側《はんたいがわ》のゴールポスト

セットプレー……………22・139
フリーキック、コーナーキック、キックインなど、ボールをセットした状態《じょうたい》から試合《しあい》を再開《さいかい》するプレー

タ

直接《ちょくせつ》フリーキック……………118
反則《はんそく》が起《お》こった場所《ばしょ》から行《おこな》うフリーキック。直《ちょく》接《せつ》ゴールに入《はい》った場合《ばあい》は得点《とくてん》となる

トーキック……………31・35・38・59・60
キックの種類《しゅるい》で、つま先《さき》で蹴《け》ること

ハ

パワープレー……………106・118
ゴレイロを含《ふく》めて5人全員《にんぜんいん》で敵陣《てきじん》に入《はい》って攻《こう》撃《げき》すること

ヒールキック……………38
キックの種類《しゅるい》で、かかとでボールを蹴《け》ること。相手《あいて》に読《よ》まれにくい

ピヴォ……………10・11・52・69・70・100・106・108・118・125・126・132〜138
もっとも相手《あいて》ゴールに近《ちか》い位置《いち》にいる選手《せんしゅ》。サッカーのフォワードのような役割《やくわり》を果《は》たすポジション

フィクソ……………10・11・51・52・109・118・125・131〜137
フィールドプレーヤーの中《なか》でもっとも自《じ》ゴールに近《ちか》い位置《いち》にいる、サッカーでいうディフェンダーのような役割《やくわり》を果《は》たすポジション。攻守《こうしゅ》におけるピッチ内《ない》の監督《かんとく》

プレス……………97・98
ボールを持《も》っている選手《せんしゅ》に激《はげ》しくプレッシャーをかけること

マ

マンツーマンディフェンス……………82
特定《とくてい》の相手《あいて》に対《たい》して常《つね》に1対《たい》1でマークし続《つづ》ける守《しゅ》備《び》の方法《ほうほう》

ラ

リターンパス……………135・136
パスを受《う》けた選手《せんしゅ》がパスを出《だ》した選手《せんしゅ》に戻《もど》すパス

ルックアップ……………40・52・66・108
顔《かお》を上《あ》げてプレーすること

おわりに

ファミリーになろう!
どんな困難《こんなん》な状況《じょうきょう》でも常《つね》に前《まえ》のめりの姿勢《しせい》をもち、ピッチにいる選手同士《せんしゅどうし》でシンクロしよう!

フットサルは一《ひと》つひとつのことにとらわれず、常《つね》に攻守《こうしゅ》が入《い》れかわりゲームに夢中《むちゅう》になれるスポーツです。もっとも大事《だいじ》なことは、常《つね》に、チームメートの力《ちから》を合《あ》わせてゴールをねらい、チームメートの力《ちから》を合《あ》わせて守《まも》りきるという姿勢《しせい》を一《ひと》人《り》ひとりがもつことです。

フットサルは試合中《しあいちゅう》に得点《とくてん》が決《き》まり失《しっ》点《てん》をするゲームです。勝《か》ち負《ま》けはスポーツにおいて避《さ》けることはできません。力《ちから》を合《あ》わせても、勝《か》つこともあれば負《ま》けることもあります。悔《くや》しい場面《ばめん》、残念《ざんねん》な場《ば》面《めん》、うれしい場面《ばめん》、どうしていいかわからなくなる場面《ばめん》があります。でも、どんなときでも、力《ちから》を合《あ》わせてゴールをねらい、力《ちから》を合《あ》わせて守《まも》りきるという姿勢《しせい》が何《なに》よりも大事《だいじ》なことなのです。そうすれば悔《くや》しさも、うれしさもチーム全員《ぜんいん》で共《きょう》有《ゆう》できる。「また試合《しあい》をしたい。楽《たの》しくてしようがない。フットサルをもっと学《まな》びたい（相手《あいて》のチームのいいところを教《おそ》わろう）」。みんながそう思《おも》うチームができるはずです。

友《とも》だちや家族《かぞく》や男女混合《だんじょこんごう》で手軽《てがる》にチームを作《つく》って、身近《みじか》な大会《たいかい》に参加《さんか》することもできるので、大会出場《たいかいしゅつじょう》にもチャレンジしてみてください。

鈴木隆二《すずきりゅうじ》

●著者《ちょしゃ》　鈴木隆二《すずきりゅうじ》

1979年《ねん》生《う》まれ。東京《とうきょう》都《と》出身《しゅっしん》。小学生時代《しょうがくせいじだい》は読売《よみうり》SC Jr. ユース S、中学時代《ちゅうがくじだい》は日産《にっさん》FC Jr. ユース、その後《ご》ボタフォゴ FC（ブラジル）でサッカーを続《つづ》ける。大検《だいけん》をうけて駒澤大学《こまざわだいがく》サッカー部所属《ぶしょぞく》。大学《だいがく》卒業後《そつぎょうご》フットサルに転身《てんしん》し2005～07年《ねん》には日本代《にほんだい》表《ひょう》として活躍《かつやく》。09年《ねん》シーズンに名古屋《なごや》オーシャンズを退団《たいだん》し、スペインでプロ選手《せんしゅ》として3シーズンプレー。14年《ねん》シーズンから Sala 5 Martorell トップチーム監督《かんとく》、カタルーニャ州選抜《しゅうせんばつ》U12・U14コーチ、AE Martorell U14・U12監督《かんとく》、育成年代《いくせいねんだい》コーディネーター。指導者資格《しどうしゃしかく》は スペインサッカー協会《きょうかい》フットサル指導者《しどうしゃ》の全資格取得《ぜんしかくしゅとく》。2016年《ねん》から U-19フットサル日本代表監督《にほんだいひょうかんとく》に就任《しゅうにん》し、現在《げんざい》フットサル U-20日本代表監督兼《にほんだいひょうかんとくけん》日本代表《にほんだいひょう》コーチ。「サッカーのためのフットサル講習会《こうしゅうかい》」を主催《しゅさい》。

●撮影協力《さつえいきょうりょく》

ZOTT WASEDA FUTSAL CLUB

ZOTT WASEDA FUTSAL CLUB（2000年設立《ねんせつりつ》・代表《だいひょう》　清野潤《きよのじゅん》）のジュニアチームとして2010年《ねん》に発足《ほっそく》。U-15、U-12、10、8、U-6のカテゴリー。東村山《ひがしむらやま》スポーツセンターで練習《れんしゅう》（監督《かんとく》・丸山淳《まるやまあつし》）

デザイン／有限会社ライトハウス
　　　　　黄川田洋志、井上菜奈美、
　　　　　藤本麻衣、岡村佳奈
　　　　　明日未来（おおきな木）
イラスト／丸口洋平
写　　真／福地和男
編　　集／河合拓
　　　　　有限会社ライトハウス
　　　　　（佐久間一彦、松川亜樹子）

クイズでスポーツがうまくなる

知《し》ってる？ フットサル

2017年12月28日　第1版第1刷発行

著　　者／鈴《すず》木《き》隆《りゅう》二《じ》
発 行 人／池田哲雄
発 行 所／株式会社ベースボール・マガジン社
　　　　〒103-8482
　　　　東京都中央区日本橋浜町2-61-9 TIE浜町ビル
　　　　電話　　03-5643-3930（販売部）
　　　　　　　　03-5643-3885（出版部）
　　　　振替口座　00180-6-46620
　　　　http://www.bbm-japan.com/

印刷・製本／広研印刷株式会社

ISBN978-4-583-11089-9 C2075